Rezar com as
solenidades
e festas do Senhor

Bruno Carneiro Lira, osb

Rezar com as solenidades
e festas do Senhor

Dados Internacionais de Catalogação na Publicação (CIP)
(Câmara Brasileira do Livro, SP, Brasil)

Lira, Bruno Carneiro
Rezar com as solenidades e festas do Senhor / Bruno Carneiro Lira.
-- São Paulo : Paulinas, 2019.

ISBN 978-85-356-4563-7

1. Ano litúrgico 2. Festas religiosas 3. Festas religiosas - Cristianismo
4. Igreja Católica - Liturgia 5. Orações 6. Vida cristã I. Título.

19-29377 CDD-263.9

Índice para catálogo sistemático:

1. Festas religiosas : Cristianismo 263.9

Cibele Maria Dias - Bibliotecária - CRB-8/9427

1ª edição – 2019

Direção-geral: *Flávia Reginatto*
Editora responsável: *Vera Ivanise Bombonatto*
Copidesque: *Mônica Elaine G. S. da Costa*
Coordenação de revisão: *Marina Mendonça*
Revisão: *Sandra Sinzato*
Gerente de produção: *Felício Calegaro Neto*
Capa e diagramação: *Tiago Filu*
Ilustração: *Comissión Episcopal de Liturgía del Peru*

Nenhuma parte desta obra poderá ser reproduzida ou transmitida por qualquer forma e/ou quaisquer meios (eletrônico ou mecânico, incluindo fotocópia e gravação) ou arquivada em qualquer sistema ou banco de dados sem permissão escrita da Editora. Direitos reservados.

Paulinas

Rua Dona Inácia Uchoa, 62
04110-020 – São Paulo – SP (Brasil)
Tel.: (11) 2125-3500
http://www.paulinas.com.br – editora@paulinas.com.br
Telemarketing e SAC: 0800-7010081
© Pia Sociedade Filhas de São Paulo – São Paulo, 2019

À minha mãe, Nivalda Maria Carneiro Lira,
na celebração dos seus 80 anos.

Feliciter tempora bona habeatis, ad multos annos!

O Senhor falou a Moisés, dizendo: "São estas as solenidades do Senhor em que convocareis santas assembleias no devido tempo: no dia catorze do primeiro mês, ao entardecer, é a Páscoa do Senhor. No dia quinze do mesmo mês é a festa dos Ázimos, em honra do Senhor. Durante sete dias comereis pães ázimos. No primeiro dia tereis uma santa assembleia, não fareis nenhum trabalho servil; oferecereis ao Senhor sacrifícios pelo fogo durante sete dias. No sétimo dia haverá uma santa assembleia e não tereis também nenhum trabalho servil". O Senhor falou a Moisés dizendo: "Fala aos filhos de Israel e diz-lhes: quando tiverdes entrado na terra que vos darei, e tiverdes feito a colheita, levareis ao sacerdote um feixe das espigas como primeiros frutos da vossa colheita. O sacerdote levará este feixe de espigas diante do Senhor, para que ele vos seja favorável: e fará isto no dia seguinte ao sábado. A partir do dia seguinte ao sábado, desde o dia em que tiverdes trazido o feixe de espigas para ser apresentado, contareis sete semanas completas. Contareis cinquenta dias até o dia seguinte ao sétimo sábado, e apresentareis ao Senhor uma nova oferta. O décimo dia do sétimo mês é o dia da Expiação. Nele tereis uma santa assembleia, jejuareis e oferecereis ao Senhor um sacrifício pelo fogo. No dia quinze deste sétimo mês, começa a festa das Tendas, que dura sete dias, em honra do Senhor. No primeiro dia haverá uma santa assembleia e não fareis nenhum trabalho servil. Durante sete dias oferecereis ao Senhor sacrifícios pelo fogo. No oitavo dia tereis uma santa assembleia, e oferecereis ao Senhor um sacrifício pelo fogo. É dia de reunião festiva: não fareis nenhum trabalho servil. Estas são as solenidades do Senhor, nas quais convocareis santas assembleias para oferecer ao Senhor sacrifícios pelo fogo, holocaustos e oblações, vítimas e libações, cada qual no dia prescrito".

(Lv 23,1.4-11.15-16.27.34b-37)

Cantai salmos, tocai tamborim, harpa e lira suaves tocai!
Na lua nova tocai a trombeta, na lua cheia, na festa solene!

(Sl 80,2-3)

O Senhor é minha luz e salvação;
a quem temerei?

(Sl 26,1)

Sumário

Prefácio 15

Apresentação 19

1. Natal do Senhor 22

2. Epifania do Senhor 28

3. Batismo do Senhor 33

4. Apresentação do Senhor 38

5. Anunciação do Senhor 43

6. Páscoa do Senhor 49

7. Santíssima Trindade 59

8. Santíssimo Corpo e Sangue de Cristo 65

9. Sagrado Coração de Jesus 71

10. Transfiguração do Senhor 76

11. Exaltação da Santa Cruz 81

12. Dedicação da Basílica de São João de Latrão ...87

13. Nosso Senhor Jesus Cristo, Rei do Universo ...92

Epílogo 98

Prefácio

Estamos num tempo que exige de cada cristão viver a mística do seguimento de Jesus. Desde a conferência dos Bispos Latino-Americanos, em Aparecida (SP), 2007, vemos e sentimos a Igreja convidando todos os fiéis a aprofundarem a fé, fruto de um encontro pessoal e intransferível com o Senhor Jesus.

Em nossas comunidades cristãs testemunharemos o sentido profundo do nosso seguimento de Jesus no trabalho pastoral, no momento em que Deus for Deus em nossas vidas. Quando ele se tornar o centro do nosso existir, passaremos a viver de Cristo, como professa o Apóstolo Paulo: "Para mim, o viver é Cristo" (Fl 1,21).

A experiência "Para mim, o viver é Cristo" abarca um grande mistério que envolve toda a pessoa e torna a sua ação maior do que ela mesma. É o próprio Senhor a agir. E isso não foi fácil na experiência do Apóstolo Paulo. Custou-lhe a vida, com perseguições dentro e fora da comunidade, como o Mestre Jesus. O encontro de Paulo com Jesus, na Estrada de Damasco, o marcou profundamente. A partir dali nada mais o separaria do amor de

Cristo. O amor (Jesus) o impelia a conhecer sempre mais Jesus e anunciá-lo entre os povos.

Podemos nos perguntar por que é tão importante a imersão de nossa vida na vida de Cristo num caminho de crescimento nele? A resposta a esta questão encontraremos neste livro de Dom Bruno, *Rezar com as solenidades e festas do Senhor*. Ele tem uma proposta de nos colocar em intimidade profunda, "tocar" o mistério de Deus em nossa vida a partir das celebrações centrais do mistério de Jesus Cristo. Como nas primeiras comunidades os catecúmenos eram paulatinamente iniciados nos mistérios da fé, assim, cada fiel, ao compreender o significado da festa proposta pela liturgia, no decorrer do Ano Litúrgico, vai caminhando ao encontro do Senhor, que não quer nos perder de vista, mas conquistar o nosso coração para estarmos sempre com ele.

Neste livro, Dom Bruno Carneiro Lira, dedicado sacerdote, monge beneditino, o que o qualifica grandemente para escrever esta obra, e um apaixonado pela ação litúrgica bem celebrada, sem inserir criatividades fora do rito proposto pela Igreja, nos apresenta na dinâmica das festas solenes do Ano Litúrgico um caminho para nos aproximarmos de Jesus.

E um passo inicial nos coloca em Belém, onde tudo se iniciou, e nos faz experimentar a encarnação do Filho de Deus celebrando o Natal do Senhor. Nele estão também contempladas nossa humanidade e salvação. Em seguida, rememoramos a manifestação do Senhor ao mundo na Epifania do Senhor. Deus se mostra presente no meio da humanidade. Diz o autor: "Se, no Natal, Cristo nasce no escondimento, aqui, ele se manifesta às nações como o Salvador do mundo e é reconhecido pelos magos do Oriente, que oferecem presentes: ouro, incenso e mirra". De modo semelhante, acontece em nosso cotidiano: nasce a criança no seio da família e logo é apresentada à comunidade. Viver o mistério de Deus no dia a dia é também seguir o ritmo da nossa Salvação. O tempo da manifestação completa-se com o Batismo do Senhor, no qual Jesus é ungido para a missão e o Pai manifesta seu grande afeto pelo Filho encarnado.

Capítulo a capítulo, Dom Bruno vai-nos convidando a entrar no mistério sagrado da vida de Jesus. No quarto capítulo temos a apresentação no Templo, onde duas profecias são anunciadas: a criança como sinal de contradição e a espada de dor da mãe. E como não celebrar o momento em que se deu a encarnação do Filho de Deus! A festa da Anunciação do Senhor recorda que, para agir, Deus espera pelo sim do ser humano, o qual deve abrir-se à graça. Maria foi a grande agraciada. E Deus fez nela grandes coisas.

No sexto capítulo está a centralidade da vida cristã e do Ano Litúrgico, a Páscoa do Senhor. "A solenidade da Páscoa de Nosso Senhor Jesus Cristo é o centro do Ano Litúrgico; para ela convergem todas as outras celebrações e orações", escreve Dom Bruno. Após essa abordagem, nos capítulos seguintes, vamos ter contato com os grandes mistérios de nossa fé e vida pastoral: O nosso Deus é trino: festa da Santíssima Trindade; o Santíssimo Corpo e Sangue de Cristo, a presença real de Jesus na vida da comunidade e a misericórdia de Deus manifestada no Sagrado Coração de Jesus, que encontramos no nono capítulo.

"O monte e a nuvem sempre foram elementos de teofania nas Sagradas Escrituras. No monte Sinai, a aliança com o Povo Eleito; no Monte Carmelo, o profeta Elias", para o qual Deus mostra sua presença na suave brisa. Nessas experiências, esses dois grandes homens de Deus tinham, segundo os relatos bíblicos, os seus rostos resplandecentes; aqui, na *Transfiguração do Senhor*, o rosto de Jesus é transfigurado. Ele é a luz que deve resplandecer na vida de seus discípulos, à semelhança de Moisés e Elias, que estão com o Senhor na Transfiguração.

Porém, no caminho de encontro profundo com o Senhor está a cruz. E a celebração da Exaltação da Santa Cruz mostra ao cristão que a dor, o sofrimento e a morte não têm a última palavra; a Palavra é a do Senhor, que venceu a morte com sua ressurreição. A cruz é sinal do cristão, que, com o Ressuscitado, vence as forças da morte.

E, assim, vamos nos aproximando ainda mais do mistério de Deus, que nos envolve desde o ventre de nossas mães, quando a festa celebrada é a da Dedicação da Basílica de São João de Latrão, mostrando que, nos lugares sagrados, temos a manifestação de Deus. Ali, no espaço sagrado e na comunidade reunida em nome da Trindade, sentimos a presença do nosso Deus, que é o Nosso Senhor Jesus Cristo, Rei do Universo, finalizando o Ano Litúrgico.

Dom Bruno nos convida a ler o livro de forma orante, compreendendo e rezando a vida de Jesus e a nossa vida, para estarmos "de pé" diante do Senhor. É a Parusia, a entrega do Reino ao Pai pelo Filho amado e, nele, nossa vida entregue ao Pai por Jesus, que veio nos salvar. E, no caminho desse encontro, temos a força do Espírito Santo, que alimenta em nós a certeza de que o Senhor nos quer perto dele como filhos muito amados. Eis a proposta de um caminho espiritual que somos chamados a fazer, vivendo a liturgia da Igreja.

Ir. Ivonete Kurten,
Religiosa da Congregação das Irmãs Paulinas

Apresentação

O presente livro deseja ser, antes de tudo, um manual de orações a partir das reflexões das solenidades e festas do Senhor no Ano Litúrgico. Sabemos que estas celebrações são as mais importantes do ciclo litúrgico, sobretudo, o Natal e a Páscoa, pois constituem os dois pilares da nossa fé. A primeira comemora a Encarnação do Filho de Deus e a seguinte, sua Redenção.

Os capítulos são apresentados da seguinte maneira: em primeiro lugar, um comentário de cada celebração, sempre levando em conta os aspectos bíblicos, históricos, teológicos, litúrgicos e pastorais. Muitos deles trazem textos das leituras propostas para os referidos dias litúrgicos. Em seguida, apresenta-se o salmo da comemoração com a sua antífona, que deverá ser rezado ou cantado em consonância com que foi meditado. Tem-se, então, um breve comentário do salmo e passa-se para as preces comunitárias, dirigidas ao Pai e elaboradas tendo em vista o tema da solenidade ou festa e a universalidade dos desejos da Igreja. Após a quinta prece de cada capítulo, poderão ser acrescentados pedidos espontâneos. Tudo se conclui com uma oração temática dirigida ao Pai, pelo Filho, na unidade do Espírito Santo.

Apresentamos as celebrações na ordem que elas ocorrem no Ano Litúrgico; portanto, a partir do Natal até a festividade de Nosso Senhor Jesus Cristo, Rei do Universo.

As quatro Festas do Senhor, dentro do Tempo Comum – Apresentação do Senhor, Transfiguração do Senhor, Exaltação da Santa Cruz e Consagração da Basílica do Latrão –, se caírem no domingo, são celebradas, por serem do Senhor; portanto, possuem Primeiras Vésperas, e as Missas do sábado à tarde e à noite são da referida festa. Isto porque elas acontecem sempre no Tempo Comum.

Cremos que assim estaremos motivando uma oração litúrgica ativa, plena, consciente, frutuosa e eficaz, como nos pede o Concílio Vaticano II. Uma participação ativa faz-nos retomar a ideia do sacerdócio comum dos fiéis, pois todos os batizados pertencem ao sacerdócio real de Cristo e tem o seu lugar próprio dentro da ação litúrgica.

Essa participação será plena e consciente à medida que todos conhecerem o que está sendo celebrado e rezado. Daí começarmos cada capítulo já acentuando o sentido histórico e teológico da festa ou solenidade. Só podemos amar o que conhecemos, e é assim que nossa oração será de qualidade, ou seja, mente e voz concordando no louvor de Deus e se aniquilando o aspecto meramente ritual, e que a oração profunda possa transformar as realidades pessoais e comunitárias. É nesse sentido que ela se torna frutuosa e eficaz.

A eclesiologia do Vaticano II se sustenta nesse caminho de retorno às fontes, em que ministro e fiéis tenham uma participação efetiva nas orações comunitárias da Igreja. Agora, todo o povo de Deus busca e organiza uma vivência mais participativa nas celebrações, através dos gestos e sinais concretos que vislumbram o mistério de Deus. Como já dissemos, essa participação deverá ser interior e espiritual, para que se evite todo o rubricismo legalista, como também a teatralização.

Uma oração de qualidade nos leva à conversão! E foi esse nosso desejo com o livro, ou seja, partindo do mistério de Cristo celebrado em determinado dia litúrgico, fazer com que o fiel, consciente do que está sendo rezado, possa se preparar melhor para a Santa Missa e, como membro da Igreja, faça da sua oração pessoal um alegre canto de louvor à Santíssima Trindade, meditando e rezando o momento da vida de Jesus Cristo que está sendo comemorado por toda a Igreja.

1. Natal do Senhor

(25 de dezembro)

A solenidade do Natal do Senhor começou a ser celebrada em Roma por volta do século IV e substituiu a festa pagã do "deus sol", celebrada no solstício[1] de inverno do hemisfério Norte, ou seja, na noite mais longa do ano, pois, a partir desse dia, o sol começa, novamente, a brilhar mais tempo; portanto, trata-se de uma vitória simbólica do sol, que domina a escuridão.

Jesus Cristo é o verdadeiro sol e a luz do mundo. Zacarias, em seu louvor no dia do nascimento de João Batista, que a Igreja nos faz cantar diariamente nas Laudes matutinas da Liturgia das Horas, chama-o de Sol Nascente: "Pela bondade e compaixão de nosso Deus, que sobre nós fará brilhar o Sol Nascente" (Lc 1,78).

---

[1] Datas do ano em que o sol atinge o maior grau de afastamento do Equador. Assim temos, entre os dias 21 e 23 de junho, o solstício de inverno no hemisfério Sul e, entre os dias 21 e 23 de dezembro, o solstício de inverno no hemisfério Norte.

A narrativa de Lucas 2,1-14 atualiza-nos esse momento fundamental, pois, com sua encarnação e nascimento, nossa natureza humana recebe uma incomparável dignidade. Deus se faz um de nós. Vejamos o texto desta perícope do Evangelho, que a Igreja nos faz meditar na Missa da Noite:

> Naqueles dias, saiu um decreto de César Augusto para que se fizesse o recenciamento de todo o mundo habitado. Este foi o primeiro, quando Quirino era o governador da Síria. Todos iam se alistar, cada um em sua cidade natal. José subiu também da Galileia, da cidade de Nazaré, para a Judeia, à cidade de Davi, chamada Belém, por ser da casa e descendência de Davi, a fim de se recensear com Maria, sua esposa que estava grávida. Enquanto ali se encontravam, chegou o dia para ela dar à luz, e teve seu filho primogênito. Envolveu-o em panos e deitou-o na manjedoura, pois não havia lugar para eles na hospedaria. Naquela região havia pastores que viviam nos campos e guardavam de noite os rebanhos. O anjo do Senhor aproximou-se deles e a glória do Senhor os envolveu em luz; eles ficaram com grande medo. Disse-lhes o anjo: "Não temais, porque vos anuncio uma grande alegria para todo o povo: nasceu-vos hoje, na cidade de Davi, o Salvador, que é o Cristo Senhor. Isto vos servirá de sinal: encontrareis um Menino recém-nascido, envolto em panos e deitado numa manjedoura". Imediatamente, juntou-se ao anjo uma multidão do exército celeste, que louvava a Deus, dizendo: "Glória a Deus nas alturas e paz na terra aos homens por ele amados" (Lc 2,1-14).

Como vemos, este trecho do Evangelho está cheio de referências históricas que nos situam nos acontecimentos: o decreto do imperador César Augusto; Quirino, governador da Síria;

Nazaré, na Judeia, cidade de Davi; confirmando, assim, Nosso Senhor Jesus Cristo como um personagem histórico. Outro dado importante é a situação do nascimento, que se deu na pobreza e na simplicidade, com o menino deitado na manjedoura e adorado pelos pastores que vigiavam seus rebanhos nos campos. Os pastores eram tidos como marginais e pecadores, mas é para eles que Jesus vem. Por outro lado, a glória de Deus se manifesta em imensa luz e os anjos, após darem a grande notícia, cantam louvores a Deus e aos homens por ele amados. O título de "Senhor" manifesta a transcendência de Jesus, sua divindade.

A Liturgia nos oferece quatro formulários para o missal e o lecionário; as Missas da Vigília, da Noite, da Aurora e a do Dia. A perícope do Evangelho lida na Missa da Vigília, celebrada na tarde do dia 24 de dezembro, é a genealogia de Jesus (cf. Mt 1,1-17), para mostrar a historicidade de sua encarnação, pois ele é Deus e, também, um ser humano como todos nós, com família bem definida. Já na Missa da Aurora, o Evangelho é a continuação da Missa da Noite, que trata da visita dos pastores ao presépio (Lc 2,15-20). Eles constataram o nascimento de Jesus, alegraram-se e já foram anunciá-lo, como acontece com todos nós batizados, pois fomos ungidos cristãos para anunciar Jesus Cristo pela nossa palavra e testemunho. Maria, no entanto, guardava tudo em seu coração. Com a Mãe de Jesus, aprendemos a importância da discrição e da contemplação. Como vemos, essas três Missas de Natal têm por finalidade evocar a historicidade do nascimento de nosso Salvador. Na Missa do Dia, temos um Natal teológico, pois o Evangelho é o Prólogo de São João e trata da preexistência do Verbo, que foi eternamente gerado consubstancialmente ao Pai. Ele, que é a luz pela qual todas as coisas existem, agora armou sua tenda entre nós. "E o Verbo se fez carne e habitou entre nós" (Jo 1,14).

Portanto, Nosso Senhor Jesus Cristo é um de nós e nos entende. Pelo mistério do seu Natal, ensina-nos que o dom da humildade é uma atitude de quem deseja segui-lo e, ainda, que a vontade do Pai é o fundamento da nossa fé; por isso, a oração mais perfeita é aquela que diz: "Senhor, seja feita a tua vontade" (Mt 6,10), como no Pai-Nosso. Um hino que exprime bem essa proposta de seguimento está na Carta de São Paulo aos Filipenses:

> Jesus Cristo, existindo em condição divina, não fez do ser igual a Deus uma usurpação, mas ele esvaziou a si mesmo, assumindo a condição de escravo e tornando-se igual aos homens. Encontrado com aspecto humano, humilhou-se, fazendo-se obediente até à morte, e morte de cruz. Por isso, Deus o exaltou acima de tudo e lhe deu o nome que está acima de todo nome. Assim, ao nome de Jesus, todo joelho se dobre no céu, na terra e abaixo da terra, e toda língua proclame que Jesus Cristo é o Senhor, para a glória de Deus Pai (Fl 2,6-11).

Esse rebaixamento do Filho de Deus é que o faz sair vitorioso do sepulcro e, como o Novo Adão obediente, eleva-nos até a glória. Diz-nos, ainda, São Paulo: "Sendo assim, como, por meio da desobediência de um só homem, muitos se tornaram pecadores, assim também, por intermédio da obediência de um único homem, muitos serão justos" (Rm 5,19). Sejamos, portanto, obedientes e humildes, conforme o exemplo de nosso Redentor recém-nascido e, com ele, seremos glorificados.

A Liturgia da Missa da Noite de Natal ainda nos oferece para meditação o Salmo 95,1-2.11-13, com a antífona: "Hoje, nasceu para nós o Salvador, que é o Cristo Senhor!".[2]

Cantai ao Senhor Deus um cântico novo,
cantai ao Senhor Deus, ó terra inteira!
Cantai e bendizei o seu santo nome.

Dia após dia anunciai sua salvação.
Alegrem-se os céus e exulte a terra,
ressoe o mar e tudo o que ele contém!

Exultem todas as árvores das florestas
diante do Senhor, pois ele vem,
vem para julgar a terra inteira
e o mundo todo com justiça.

O salmo convida a terra inteira, mares e florestas e todos os seus povos, para se alegrarem através de um canto novo, pois a sua salvação, que foi anunciada cotidianamente, agora se faz realidade, porque o Senhor Jesus Cristo vem para julgar o mundo com justiça, já que toda a Sagrada Escritura prega o direito e a justiça como atributos divinos. Portanto, trata-se de um salmo missionário que convida os fiéis a proclamar a salvação de Deus até os confins da terra, anunciando a sua glória como o único Senhor e Rei. O verbo "cantar" aparece três vezes, no modo imperativo, logo no início do salmo, caracterizando um chamamento litúrgico para o louvor e a adoração de Deus. Como criaturas feitas a sua imagem e semelhança, somos chamados a anunciar a todos os povos as maravilhas do nosso Criador, e a maior delas é a encarnação do Verbo a nossa favor.

---

[2] Lecionário Dominical.

Preces

1. Senhor, nosso Deus, nós vos agradecemos por sempre cumprir as vossas promessas para conosco. Enviando hoje ao mundo o vosso Filho Unigênito, alegramo-nos por ele ser um de nós e caminhar conosco. Fazei que todos os povos da terra o reconheçam como o único Salvador da humanidade.

R. Pelo nascimento do vosso Filho, salvai-nos, Senhor!

2. Senhor, nosso Deus, que anunciais aos pastores, através do anjo, o nascimento do vosso Filho, fazei de nós testemunhas e anunciadores da vossa alegria, para que muitos irmãos voltem para vós, o verdadeiro Senhor das nossas vidas.

3. Senhor, nosso Deus, anunciastes pelos profetas a vinda do Messias e, hoje, o fazeis nascer na nossa carne, dando-nos uma incomparável dignidade. Fazei que possamos nos manter fiéis nessa definitiva aliança que fizestes conosco.

4. Senhor, nosso Deus, que escolhestes Davi como vosso servo e pastor do Povo Eleito e, da descendência dele, destes-nos vosso Filho, fazei que vivamos, continuamente, no alegre canto de louvor à vossa bondade, que se manifestou entre nós.

5. Senhor, nosso Deus, que escolhestes a Virgem Maria para ser a mãe do vosso Filho, nosso Salvador, fazei, pela intercessão dela, que sejamos sempre vossos servos e servas.

Oração

Deus eterno e todo-poderoso, que hoje alegrais nossos corações pelo nascimento de vosso Filho, fazei que possamos seguir o caminho da humildade e da obediência, para que, um dia, participemos das alegrias celestes ao lado dele, que já se encontra à vossa direita. Ele que vive convosco, na unidade do Espírito Santo. Amém.

2. Epifania do Senhor

(6 de janeiro. No Brasil, no domingo que ocorre entre os dias 2/01 e 8/01)

A Epifania do Senhor é mais antiga que o Natal e tem raízes no Oriente. Se, no Natal, Cristo nasce no escondimento, aqui, ele se manifesta às nações como o Salvador do mundo e é reconhecido pelos magos do Oriente, que oferecem presentes: ouro, incenso e mirra. Os Padres da Igreja explicam o significado de cada um: ouro porque Jesus é Rei; mirra, por ser homem; e incenso, devido à sua divindade.

Essa solenidade, também, tem o sentido de universalidade da Salvação, pois não é um privilégio só dos israelitas, uma vez que a redenção chega a todos os recantos do mundo: "Eu te farei luz das nações, para que a minha salvação chegue até os confins da terra" (Is 49,6).

Jerusalém é chamada a se levantar, pois, sobre ela, chegou a verdadeira luz. Essa profecia de Isaías se cumpre em Jesus Cristo, que nos retira do poder da escuridão. Ele é a verdadeira luz que brilha para todos os que jazem nas trevas e na sombra da morte. Para encontrá-lo, todos caminham radiantes.

A grande revelação da Epifania é que os pagãos, representados pelos magos, também são chamados à salvação. Eles "são admitidos à mesma herança, são membros do mesmo corpo, são associados à mesma promessa em Jesus Cristo, por meio do Evangelho" (Ef 3,6).

A perícope evangélica de Mt 2,1-12, proclamada neste dia, apresenta lugares e personagens históricos que comprovam a realidade do fato. Era tempo do rei Herodes e os magos do Oriente foram perguntar para ele sobre o rei dos Judeus recém-nascido, pois haviam contemplado a sua estrela. Aliás, o vocábulo "estrela" aparece quatro vezes neste Evangelho para indicar a presença de Jesus. Interessante observar que, quando os magos estavam com Herodes, a estrela desapareceu, pois ele representava o mal. Quando deixaram o rei e partiram para Belém, ela reapareceu e se situou no lugar onde Jesus se encontrava, com Maria, sua mãe. Os magos se alegraram e ofereceram presentes. Avisados em sonho, não retornaram para Herodes, mas voltaram para sua terra por outro caminho.

O mistério da Epifania do Senhor se localiza em três momentos solenes em que Jesus se revela como o Salvador da humanidade: diante dos magos, nas águas do rio Jordão e em Caná, quando realizou o primeiro milagre a pedido de sua mãe. No primeiro caso, são os pagãos que o reconhecem como Deus; no seu Batismo, é o próprio Pai quem o revela: "Este é o meu Filho amado, em quem me comprazo" (Mt 3,17). Em Caná, é Jesus Cristo que antecipa a sua hora e se desvela como o Messias, ao transformar a água em vinho. A Liturgia das Horas, para as Segundas Vésperas desta solenidade, traz como antífona do *Magnificat* o seguinte texto: "Celebramos neste dia três mistérios: hoje a estrela guiou os magos ao presépio; hoje Cristo se faz batizar no Jordão, hoje a água já se fez vinho para as núpcias". Como se vê, fica bem claro o sentido desta tríplice manifestação do nosso Salvador.

O salmo para a Santa Missa é o 71, que traz como antífona o seguinte texto: "As nações de toda terra hão de adorar-vos, ó Senhor".

Dai ao Rei vossos poderes, Senhor Deus,
vossa justiça ao descendente da realeza!
Com justiça ele governe o vosso povo,
com equidade ele julgue os vossos pobres.

Nos seus dias a justiça florirá,
e grande paz, até que a lua perca o brilho.
De mar a mar estenderá o seu domínio,
e desde o rio até os confins de toda a terra.

Os reis de Társis e das ilhas hão de vir
e oferecer-lhe seus presentes e seus dons;
e também os reis de Seba e de Sabá
hão de trazer-lhe oferendas e tributos.
Os reis de toda terra hão de adorá-lo,
e todas as nações hão de servi-lo.

Libertará o indigente que suplica,
e ao pobre ao qual ninguém quer ajudar.
Terá pena do indigente e do infeliz,
e a vida dos humildes salvará.

Os versículos escolhidos nos colocam em sintonia com a primeira leitura do profeta Isaías 60,1-6, e no contexto da universalidade da Salvação. Aplica-se a Jesus Cristo, o Rei da justiça e da equidade. Ele defenderá os oprimidos e dará segurança aos necessitados. O salmo já vislumbra esse Rei eterno que descende de Davi e Salomão; seu domínio é de mar a mar, desde o rio até os confins da terra. Todos os homens nele serão abençoados; os reis também virão oferecer-lhe os seus dons, pois ele é o Rei dos reis e o Senhor dos senhores (cf. Ap 17,14). Esse Rei é misericordioso e se preocupa em acolher o pobre, o indigente, o infeliz, salvando a vida dos humildes.

Preces

1. Senhor, nosso Deus, fonte de toda graça, que hoje, no vosso Filho, vos manifestastes às nações como luz do mundo, fazei que, aqueles os quais vivem nas trevas do pecado e fechados à vossa salvação, possam retornar ao verdadeiro caminho.

R. **Guiados pela estrela, possamos sempre vos seguir, Senhor!**

2. Senhor, nosso Deus, que convocastes os pagãos para reconhecerem no vosso Filho a salvação da humanidade, fazei que todos aqueles que não acreditam no Cristo possam chegar ao conhecimento da Verdade.

3. Senhor, nosso Deus, que revelastes o vosso Filho no rio Jordão como o servo a quem todos devemos escutar, fazei que os nossos ouvidos se abram para as palavras de vida que ele pronunciou.

4. Senhor, nosso Deus, que, através do pedido da Virgem Maria, fizestes com que vosso Filho antecipasse a sua hora, manifestando-se como Deus em Caná da Galileia, fazei que possamos sempre realizar o que ele nos disser.

5. Senhor, nosso Deus, que nos fizestes conhecer a vossa salvação em Cristo Senhor e nos destes a Virgem Maria como nossa mãe e modelo, fazei que aprendamos com ela a sermos os humildes servos do Senhor.

Oração

Ó Deus, que hoje revelastes vosso Filho a todos os povos através da adoração dos magos e da vossa voz sobre o rio Jordão, dai-nos a graça de sempre ouvir o vosso Filho amado, para que, seguindo os seus ensinamentos, possamos pelo nosso testemunho manifestá-lo a todos aqueles que convivem conosco. Ele, que vive convosco na unidade do Espírito Santo. Amém.

3. Batismo do Senhor

(Domingo seguinte à Epifania. No Brasil, se a Epifania ocorrer nos dias 7 ou 8 de janeiro, a Festa do Batismo do Senhor é celebrada logo na segunda-feira seguinte)

Com seu Batismo, realizado por João Batista no rio Jordão, Jesus é constituído solenemente como o Ungido (escolhido) do Pai. Logo após ter sido batizado, "o céu se abriu e Jesus viu o Espírito de Deus descendo como pomba e vindo pousar sobre ele. E do céu veio uma voz que dizia: 'Este é o meu Filho amado, no qual eu pus o meu agrado'" (Mt 3,16b-17).

Às margens do rio Jordão, João Batista prega a conversão dos pecados e anuncia que o Reino de Deus está próximo. Então, Jesus entra na água com os outros para ser batizado, mas não no sentido penitencial, e sim para dar um novo significado às águas batismais. Agora, elas nos dão o Espírito Santo; por isso, o Batismo de Cristo já é o nosso Batismo, pois, ao descer para as águas, em nome da Santíssima Trindade, santificamo-nos para anunciar o Filho bem-amado na sua missão de Profeta, Sacerdote e Rei. Jesus Cristo, ao sair da água, faz que o Espírito

Santo encontre nova morada entre os homens, pois ele habita no homem Jesus, o novo Adão, e nós, nele, adquirimos a verdadeira liberdade prefigurada pela passagem do mar Vermelho a pé enxuto.

Todos nós que nascemos e vivemos na fé da Igreja devemos redescobrir a grandeza da nossa vocação batismal, que é a santidade. Pelo Batismo, somos chamados a um novo nascimento e nos tornamos membros de Cristo para segui-lo. O seguimento se dá pelo mesmo caminho que ele trilhou: vida simples, obediência, humildade, perdão, misericórdia, serviço.

No Batismo do Senhor, também meditamos sobre o Cristo Servo. A primeira leitura da Santa Missa deste dia,[1] retirada do profeta Isaías 42,1-4.6-7, nos faz refletir sobre a profecia do Servo de Javé, que promoverá o julgamento das nações, ao implantar a verdade e a justiça, com a missão de ser luz para as nações, a fim de abrir os olhos dos cegos, tirar os cativos da prisão e livrar do cárcere os que vivem nas trevas.

A narrativa do Batismo de Jesus no Evangelho de São Lucas traz a seguinte perícope:

> Naquele tempo, o povo estava na expectativa e todos se perguntavam no seu íntimo se João não seria o Messias. Por isso, João declarou a todos: "Eu vos batizo com água, mas virá aquele que é mais forte do que eu. Eu não sou digno de desamarrar a correia de suas sandálias. Ele vos batizará no Espírito Santo e no fogo". Quando todo o povo estava sendo batizado, Jesus também recebeu o Batismo. E, enquanto rezava, o céu se abriu e o Espírito Santo desceu sobre Jesus em forma visível, como pomba. E do céu veio uma voz: "Tu és o meu Filho amado, em ti ponho o meu benquerer" (Lc 3,15.21-22).

---

[1] Ano A.

Observamos que João apenas cumpriu a sua missão de preparar um povo bem-disposto para a chegada do Senhor; por isso, declara não ser o Cristo, mas apenas aquele que inicia um tipo de Batismo com a presença do ministro, apresentando Jesus como o que nos dará o Batismo com valor para a vida eterna, pois é o próprio ungido do Pai que nos batizará no Espírito Santo e no fogo.

O Batismo de João era para o arrependimento, preparando a missão do Messias; aquele que o recebesse deveria se reconhecer pecador diante de Deus e se arrepender. Uma multidão de pessoas que se viam pecadoras, como os saduceus, os cobradores de impostos, as prostitutas, os fariseus, recebia o Batismo de João. Jesus se coloca no meio deles, sendo solidário com todos, querendo incluí-los, pois só ele é Cordeiro que tira todo pecado (cf. Jo 1,29), carregando sobre os ombros nossas iniquidades, remindo-nos para sempre em seu mistério pascal. E, ainda, afirmou: "Quem crer e for batizado, será salvo" (Mc 16,16a).

Os versículos escolhidos para o formulário da Missa do Ano A do lecionário são do Salmo 28, com a seguinte antífona: "Que o Senhor abençoe, com a paz, o seu povo".

> Filhos de Deus tributai ao Senhor,
> tributai-lhe a glória e o poder!
> Dai-lhe a glória devida ao seu nome;
> adorai-o com santo ornamento!
>
> Eis a voz do Senhor sobre as águas!
> Sua voz sobre as águas imensas!
> Eis a voz do Senhor com poder!
> Eis a voz do Senhor majestosa!

Sua voz no trovão reboando!
No seu Templo, os fiéis bradam: "Glória!".
É o Senhor que domina os dilúvios,
o Senhor reinará para sempre!

Este salmo é um hino de louvor que ressalta a voz de Deus, pois, neste dia do Batismo do seu Filho, ele falou e o revelou como o Ungido. Todos são convocados a render glória ao Senhor, pois ele é merecedor da nossa adoração, porque nos criou e nos resgatou através de Jesus Cristo. A voz do Senhor ressoa sobre as águas com grande poder e majestade. A água está sempre muito presente em toda a História da Salvação. Já no início, antes da criação, o Espírito pairava sobre as águas (cf. Gn 1); Deus liberta seu povo através das águas do mar Vermelho e o sacia com a água do rochedo (cf. Ex 15). O profeta Ezequiel contempla um rio que sai do lado direito do Templo, de cujas margens brotam plantas que curam (cf. Ez 47; Nm 20,11); do lado de Cristo morto na cruz, saíram sangue e água (cf. Jo 19,34); no Apocalipse, vemos um rio de água da vida (cf. Ap 22).

Portanto, celebrando o Batismo do nosso Salvador, nós nos motivamos a renovar o nosso e a seguir mais de perto as suas pegadas, para termos forças para vencer as vicissitudes do cotidiano.

Preces

1. Senhor, nosso Deus, que revelastes o vosso Filho amado nas águas, a fim de que ele santificasse o novo Batismo, fazei que saibamos segui-lo, testemunhando os valores do Evangelho.

R. **Pelo vosso Batismo, Senhor, santificai-nos!**

2. Senhor, nosso Deus, que, pelo mistério da água, revelastes a regeneração da humanidade, fazei que os vossos filhos

dispersos por toda a terra possam viver a comunhão do amor no perdão, que se opõe a toda situação de vingança.

3. Senhor, nosso Deus, que suscitastes o Batismo do eunuco, funcionário da rainha de Candace, a fim de que ele compreendesse melhor o sentido do serviço na vossa Igreja, fazei que nos tornemos cada vez mais servos uns dos outros.

4. Senhor, nosso Deus, a vivência do Batismo se torna autêntica quando vivemos o amor através da partilha e da igualdade. Fazei brotar na vossa Igreja corações generosos e preocupados com a inclusão daqueles que estão à margem.

5. Senhor, nosso Deus, que enviastes Jesus Cristo para anunciar a Boa-Nova aos pobres, para abrir a vista dos cegos e os ouvidos dos surdos, fazei que todos os vossos filhos possam ouvir a vossa Palavra e proclamá-la com exatidão.

Oração

Ó Deus todo-poderoso, que revelastes vosso Filho amado, quando foi batizado por João no Jordão, como aquele que é o Ungido e o Cordeiro que tira os pecados do mundo, fazei que, sepultados com ele no Batismo, possamos ressurgir para a vida nova no vosso Reino. Por Jesus Cristo, que vive convosco na unidade do Espírito Santo. Amém.

4. Apresentação do Senhor

(2 de fevereiro)

Essa festa nos mostra que a Sagrada Família era obediente à Lei de Moisés, que exigia a apresentação no Templo de todos os primogênitos do sexo masculino, como resgate pela matança dos filhos dos egípcios na noite da Páscoa, quando Deus poupou os do seu Povo Eleito. Tal oferecimento se realiza sempre no quadragésimo dia após o nascimento. Assim aconteceu com Jesus Cristo: quando se completaram os quarenta dias para a purificação da Mãe e a Apresentação do Menino, José e Maria o levaram ao Templo de Jerusalém. Por isso mesmo, essa festa é celebrada sempre no dia 2 de fevereiro, ou seja, no quadragésimo dia após o Natal do Senhor.

É uma festa de origem oriental que chegou ao Ocidente por volta do século VII e, no século VIII, o Papa Sérgio I, que provinha do Oriente, mandou traduzir para o latim os cantos da festa grega, que foram adotados em uma procissão penitencial romana, seguida pela celebração da Santa Missa. A Liturgia da Gália (Rito galicano, França) organizou no século X uma bênção das velas para usar nessa procissão e, cerca de cem anos depois, introduziu-se a antífona: *Lumen ad Revelationem*,[1] com o canto que Simeão proclamou no Templo, quando colocou o Menino Jesus em seus braços, o *Nunc Dimittis*. Jesus é a verdadeira Luz e, também, Templo.

Nessa celebração, também escutamos a profecia da espada de dor com relação à Virgem Maria, pois o velho Simeão, ao profetizar, se dirige à Mãe e diz: "Este Menino vai ser causa tanto de queda como de reerguimento para muitos em Israel. Ele será um sinal de contradição. Assim serão revelados os pensamentos de muitos corações. Quanto a ti, uma espada te traspassará a alma'" (Lc 2,34-25). Esta profecia se realizou ao pé da cruz, quando a Virgem Maria estava no monte Calvário no momento supremo da nossa redenção. Sofreu com o Filho e redimiu, junto com ele, toda a humanidade.

Os fiéis são convidados a se encontrar do lado de fora da igreja ou em outra capela, com as velas nas mãos, para a bênção; antes, porém, o celebrante faz a seguinte exortação, explicando o mistério do Senhor celebrado nesse dia:

> Irmãos e irmãs, há quarenta dias celebrávamos com alegria o Natal do Senhor. E hoje chegou o dia em que Jesus foi apresentado ao Templo por Maria e José. Conformava-se, assim, à Lei do Antigo Testamento, mas, na realidade, vinha ao encontro do seu povo fiel. Impulsionados pelo Espírito Santo, o velho Simeão e a profetisa Ana foram também ao Templo. Iluminados pelo mesmo espírito, reconheceram o seu Senhor naquela criança e o anunciaram com júbilo. Também nós, reunidos pelo Espírito Santo, vamos nos

---

[1] Tradução literal: "Uma Luz para iluminar".

dirigir à Casa de Deus, ao encontro de Cristo. Nós o encontraremos e reconheceremos na fração do pão, enquanto esperamos a sua vinda na glória.[2]

Em seguida, o presidente da celebração abençoa as velas e começa a procissão. A Oração do Dia, já na Liturgia da Missa, menciona a humanidade de Cristo, a sua apresentação no Templo, como também pede a Deus que purifique nosso coração. A Primeira Leitura é o texto do profeta Malaquias 3,1-4, que trata da reprovação do sacerdócio do Templo e do formalismo do culto. O profeta anuncia a proximidade do dia do Senhor, que virá estabelecer uma nova liturgia, que leva à interiorização do culto e, consequentemente, à conversão desta pessoa. Jesus Cristo, também, é identificado com o anjo da Aliança, pois é através dele que Deus vem reatar a sua aliança definitiva com a humanidade. Esse dia, portanto, é o cumprimento dessa profecia, pois o Salvador entra no seu Templo Santo, que somos todos nós. Jesus, agora, é um de nós e, por isso, capaz de se compadecer das nossas fraquezas, vindo nos socorrer nos momentos das tentações (cf. Hb 2,18).

O salmo responsorial é o 23, com a seguinte antífona: "O Rei da glória é o Senhor onipotente!".

Ó portas, levantai vossos frontões!
Elevai-vos bem mais alto, antigas portas,
a fim de que o Rei da glória possa entrar!

Dizei-nos: Quem é este Rei da glória?
É o Senhor, o valoroso, o onipotente,
o Senhor, o poderoso nas batalhas!

---

[2] Missal Romano.

Ó portas, levantai vossos frontões!
Elevai-vos bem mais alto, antigas portas,
a fim de que o Rei da glória possa entrar!

Dizei-nos: Quem é este Rei da glória?
O Rei da glória é o Senhor onipotente,
o Rei da glória é o Senhor Deus do universo!

Os versículos escolhidos do salmo colocam-nos, provavelmente, diante da chegada da Arca da Aliança, que, antes de Davi assumir o trono de Israel, havia sido negligenciada. O rei, junto com o povo, transportou a Arca numa festiva procissão, pois, para ele, ali estava o trono de Deus. O foco estava no Rei da Glória, o nosso Deus e, na perspectiva da festa de hoje, em Jesus Cristo, o anjo da definitiva Aliança. Agora o Senhor se encontra no meio de nós para sempre; por isso, devemos abrir as portas do nosso templo interior para que ele possa entrar e nele habitar.

Preces

1. Senhor, nosso Deus, que realizais vossas promessas a Israel e a nós, fazei que, celebrando o dia em que vosso Filho foi apresentado a vós, no Templo, possamos também estar na vossa presença com os corações purificados.

R. **Luz para iluminar as nações e glória de Israel, o vosso povo!**

2. Senhor, nosso Deus, José e Maria foram obedientes à vossa Lei, quando levaram o Menino Jesus ao Templo quarenta dias depois do seu nascimento. Fazei que toda a vossa família siga os vossos ensinamentos revelados na plenitude dos tempos por Jesus Cristo, nosso Salvador.

3. Senhor, nosso Deus, enviaste a verdadeira Luz para o mundo, o vosso Filho, Jesus. Ele clareia as nossas trevas com a

Verdade. Fazei que, como Simeão e Ana, possamos anunciá-lo como Luz das nações que ilumina aqueles que jazem nas trevas e nas sombras da morte.

4. Senhor, nosso Deus, que enviastes os profetas para anunciar Jesus Cristo como o anjo da definitiva Aliança, fazei que cumpramos as nossas promessas batismais com o auxílio da vossa graça, a fim de que sejamos fiéis à aliança que fizemos convosco através dele.

5. Senhor, nosso Deus, que quisestes a Mãe do vosso Filho ao pé da cruz, para que ela combatesse o mal junto com ele, fazei que tenhamos coragem de enfrentar as nossas cruzes como ela e São Paulo, combatendo o bom combate e guardando a fé.

Oração

Deus eterno e misericordioso, que nos destes Jesus Cristo, a verdadeira Luz, para nos resgatar do mal, e, por meio dele, nos abristes, novamente, as portas do paraíso, voltai para nós o vosso olhar de Pai, a fim de que possamos estar sempre iluminados por esta Luz, até o dia em que formos chamados por vós para o verdadeiro templo da eternidade. Ele, que vive convosco na unidade do Espírito Santo. Amém.

5. Anunciação do Senhor

(25 de março. Se cair em um domingo da Quaresma, antecipa-se para o sábado. Se for na Semana Santa, transfere-se para a segunda-feira após a Oitava de Páscoa)

A solenidade da Anunciação do Senhor é celebrada no dia 25 de março, porque, se contarmos nove meses, temos o nascimento de Jesus em 25 de dezembro, período da gestação de uma criança.

Nesse dia, Deus Pai realiza a plenitude do cumprimento de suas promessas com a encarnação do seu Filho. A palavra do anjo à Virgem Maria é consoladora e cheia de contentamento; ela renova a nossa esperança: "Alegra-te, cheia de graça!" (Lc 1,28a). E Maria se alegrou, porque o Senhor estava nela. Naquele momento, representava toda a humanidade e, por isso mesmo, deveria dar uma resposta em nome das criaturas humanas. O anjo e o mundo inteiro esperaram a resposta da Virgem Maria. E, após indagar tudo o que deveria saber, cheia de fé e na obediência a Deus, dá o seu "sim". Esse *fiat* ("faça-se") fez com que o próprio Criador se tornasse um de nós na pessoa do

Filho. Ele se rebaixou e ganhamos uma incomparável dignidade, porque agora, acima dos anjos, somos chamados a estar à direita do Pai como membros da Cabeça, que é o Cristo. São Paulo nos ensina na Carta aos Filipenses:

> Jesus Cristo, existindo em condição divina, não fez do ser igual a Deus uma usurpação, mas ele esvaziou a si mesmo, assumindo a condição de escravo e tornando-se igual aos homens. Encontrado com aspecto humano, humilhou-se, fazendo-se obediente até à morte, e morte de cruz. Por isso, Deus o exaltou acima de tudo e lhe deu o nome que está acima de todo nome. Assim, ao nome de Jesus, todo joelho se dobre no céu, na terra e abaixo da terra, e toda língua proclame que Jesus Cristo é o Senhor, para a glória de Deus Pai (Fl 2,6-11).

Este hino retrata todo o mistério pascal, pois, tomando nossa carne, Jesus enfrenta a paixão e a morte, carregando nossas dores sobre si, e, pela obediência ao Pai, saindo vitorioso do sepulcro, liberta-nos para sempre.

É nessa linha que entendemos a Segunda Leitura deste dia, retirada da Carta aos Hebreus 10,4-10. Evocando os sacrifícios antigos, incapazes de perdoar pecados, o "próprio Cristo" afirma que o Pai formou nele um Corpo e, na obediência, ele disse: "Eis que venho para fazer a tua vontade" (cf. Hb 10,7b). Assim, suprime os sacrifícios antigos e se torna a verdadeira oferenda.

A Primeira Leitura nos apresenta a profecia sobre a vinda do Filho de Deus ao mundo. Como Acaz não quis tentar o Senhor Deus, o profeta Isaías diz à casa de Davi que é o próprio Senhor quem mostrará o sinal: uma Virgem conceberá e dará à luz um

Filho que chamará de Emanuel, que significa "Deus está conosco" (cf. Is 7,14).

Por isso, dissemos anteriormente que hoje Deus cumpriu sua grande promessa e, finalmente, ao pedir a permissão da humanidade pela boca da Virgem, esta respondeu "sim" e, nesse momento, já começou a nos ensinar os valores do Evangelho do seu Filho, sobretudo o serviço: "Eis aqui a serva do Senhor! Faça-se em mim segundo a tua palavra!" (Lc 1,38).

Deus, portanto, agora é um de nós. Por isso, devemos retirar do nosso coração todas as tristezas, amarguras, turbulências e preocupações, pois, se estamos em Cristo, somos uma nova criatura e buscaremos as coisas do alto (cf. 2Cor 5,17). A nossa alegria deverá ser plena, com a certeza de que Deus caminha conosco.

A Virgem Maria nos ensina essa alegria, pois ela, no seu *Magnificat*, canta que sua alma se alegra no Senhor, porque ele olhou a humildade de sua serva. É o outro aspecto que comove o coração de Deus: sermos humildes. Foi isso que fizeram o tempo todo Jesus e Maria. A humildade encanta o nosso Deus, que sempre exalta os humildes e despede os soberbos de mãos vazias (cf. Lc 1,53).

O salmo deste dia é o 39, que traz como antífona o seguinte texto: "Eis que venho fazer, com prazer, a vossa vontade, Senhor!".

Sacrifício e oblação não quisestes,
mas abristes, Senhor, meus ouvidos;
não pedistes ofertas nem vítimas,
holocaustos por nossos pecados,
e então eu vos disse: "Eis que venho!".

Sobre mim está escrito no livro:
"Com prazer faço a vossa vontade,
guardo em meu coração a vossa lei!".

Boas-novas de vossa justiça
anunciei numa grande assembleia;
vós sabeis: não fechei os meus lábios!

Proclamei toda a vossa justiça,
sem retê-la no meu coração;
vosso auxílio e lealdade narrei.

Não calei vossa graça e verdade
na presença da grande assembleia.

Em um total ato de entrega ao Pai, a antífona, como se fosse tirada da boca do Filho e inspirada na própria Carta aos Hebreus, cap. 10, já é uma paráfrase de alguns versículos deste salmo. Canta os louvores pela libertação, anunciando os sofrimentos de Cristo e a glória que deveria seguir após sua paixão e morte. Para que isso acontecesse, era necessário que seu corpo humano, tomado, em sua plenitude, do corpo da Virgem Maria, morresse e ressuscitasse, resgatando-nos para sempre.

Aqui, Davi faz o registro dos favores de Deus para com ele, sobretudo porque vem libertá-lo de todas as angústias. Trata também, como dito acima, da obra redentora de Cristo, que lhe dá alento e coragem para rezar em sua intenção e na de seus amigos. Ao recitarmos este salmo, diremos como o salmista e com Jesus que queremos fazer a vontade do Pai, seguir a sua lei, pois ela é que nos conduz para a verdadeira alegria: estar com o Senhor! E a Palavra do Senhor não está longe de nós, pois se encontra na nossa boca e no nosso coração (cf. Dt 30,14).

Preces

1. Deus, nosso Pai, que, na plenitude dos tempos, enviastes o anjo Gabriel para anunciar à Virgem Maria a grande promessa da salvação, fazei que nós também possamos ouvir a vossa vontade e segui-la de coração.

R. Como Maria, aceitamos fazer a vossa vontade!

2. Senhor, nosso Deus, com o "sim" de Maria, o nosso Salvador, vosso Filho, assumiu a nossa carne e nos resgatou. Fazei que toda a humanidade reconheça que ele é o Redentor do mundo.

3. Senhor, nosso Deus, que anunciastes pela boca dos profetas o mistério da Encarnação que hoje celebramos, fazei que todos nós, ungidos profetas do Novo Testamento pelo Batismo, possamos anunciar Jesus Cristo com a boa palavra e o testemunho cristão.

4. Senhor, nosso Deus, os sacrifícios da antiga Aliança não vos agradam mais; por isso, formastes no ventre de Maria o Corpo do vosso Filho, único sacrifício que pode nos salvar. Fazei que correspondamos com nossa vida à Eucaristia que recebemos como alimento.

5. Senhor, nosso Deus, que restaurastes a humanidade pela Encarnação de Jesus Cristo e preparastes para ele uma digna habitação na Imaculada Conceição da Virgem Maria, fazei que, pela intercessão dela, possamos viver constantemente em estado de graça.

Oração

Deus, nosso Pai, fonte de toda vida, hoje nos dais a alegria de celebrarmos a Encarnação de Jesus Cristo, vosso Filho, e, assim, elevastes a nossa natureza humana. Tornai-nos mais atentos aos preceitos dele, para que mereçamos colher a promessa que hoje começais a realizar por nós. Ele, que convosco vive e reina na unidade do Espírito Santo. Amém.

6. Páscoa do Senhor

(No domingo que segue à primeira lua cheia do nosso outono, sendo primavera no hemisfério Norte; por isso, todo ano muda a data e, consequentemente, as solenidades interligadas a esta celebração)

A solenidade da Páscoa de Nosso Senhor Jesus Cristo é o centro do Ano Litúrgico; para ela convergem todas as outras celebrações e orações. Cristo, vencendo a morte, nos liberta para sempre! Este é o dia que o Senhor fez para nós, aleluia! (cf. Salmo 117).

A Páscoa judaica já era o prelúdio da verdadeira libertação. Ali, Deus libertou o seu Povo Eleito, fazendo-o passar pelas águas do mar Vermelho a pé enxuto. Essas águas já anunciavam a nossa liberdade definitiva pelo Batismo, pois nele somos inseridos na morte e ressurreição do Senhor.

Jesus Cristo, vivendo a realidade religiosa do seu povo, celebra a Páscoa em continuidade ao acontecimento do Êxodo, mas estabelece uma ruptura ao dar-lhe novo sentido: agora, o pão e o vinho tornam-se seu Corpo e Sangue, como memorial permanente da sua Páscoa; e constitui a nova e definitiva Aliança com o Pai.

Tendo ressurgido do sepulcro, ele conquistou para nós o paraíso que havíamos perdido pela desobediência de Adão e Eva. As portas da eternidade foram novamente abertas pela sua ressurreição, mas se faz necessário que a conquistemos através da prática cotidiana do Evangelho.

São Paulo nos diz que, por um só homem, entrou o pecado no mundo e, pelo pecado, a morte; e, assim, a morte passou a todos os homens, porque todos pecaram. E, também, pela obediência de um só, Nosso Senhor Jesus Cristo, todos reviverão. Então, uma única transgressão resultou na condenação de todos; no entanto, um só ato de justiça justificou todos os homens (cf. Rm 5,15-21).

É esse mistério de imensa alegria que a Igreja celebra, solenemente, da Vigília Pascal até o dia de Pentecostes. A vitória de Cristo sobre a morte nos eleva, novamente, como obra perfeita da criação do Pai e nos oferece o mesmo destino do Senhor: ficar junto dele na Jerusalém Celeste.

O canto *Exultet*, que proclama a Santa Páscoa, convoca o céu, a terra e toda a Igreja a alegrar-se pela vitória de Cristo. Ele nos diz em suas três primeiras estrofes:

> Exultem *os céus* e os anjos triunfantes.
> Mensageiros de Deus desçam cantando,
> façam soar trombetas fulgurantes,
> a vitória de um Rei anunciando.
>
> Alegre-se, também, *a terra* amiga,
> que em meio a tantas luzes resplandece,
> e vendo dissipar-se a treva antiga,
> ao sol do Eterno Rei brilha e se aquece.

Que a *Mãe Igreja* alegre-se igualmente,
erguendo as velas deste fogo novo,
e exulte reboando de repente
o Aleluia cantado pelo o povo.[1]

É, portanto, um acontecimento estupendo e de verdadeira alegria que acontece na noite e na madrugada santas do sábado para o domingo de Páscoa, pois os Evangelhos não dizem nada sobre a hora exata da ressurreição do Senhor, mas nos informam que Jesus foi sepultado no início da noite da sexta-feira, começo do *Shabat* judaico, e que o sepulcro foi vigiado. O *Shabat* é o dia em que Deus repousou das coisas criadas, pois criou o homem no sexto dia e no sétimo descansou. Vejamos que o Filho, assim como o Pai, também repousou na sepultura para recriar o mundo, a fim de dar-lhe o seu sentido original através da sua glorificação. Na madrugada do domingo, o túmulo foi encontrado vazio e ele apareceu a Maria Madalena e a Simão Pedro, e, na tarde do mesmo dia, aos discípulos (cf. Jo 20,19-31). É o próprio canto da proclamação da Páscoa que nos diz: "Só tu, noite feliz, soubeste a hora em que o Cristo da morte ressurgia; por isso, é de ti que foi escrito: a noite será luz para o meu dia".

Temos acontecimentos narrados no dia da ressurreição e oito dias depois. São João nos afirma que, ao anoitecer do primeiro dia da semana, os discípulos se encontravam trancados por medo dos judeus, e Jesus lhes aparece ressuscitado, oferecendo-lhes os presentes pascais. O primeiro deles, o dom da paz: "A paz esteja convosco!". Depois lhes mostra as mãos e o lado com as chagas da cruz, agora glorificadas. Este dado é importante para alimentar nossa fé, pois sabemos que não é outra pessoa ou fantasma, mas é o Crucificado que agora está

---

[1] Missal Romano e grifos nossos.

vivo para sempre. Os sinais da paixão são as provas históricas. E os discípulos se alegraram. Em seguida, oferece o segundo presente de Páscoa, o dom do Espírito Santo, pois só nele podemos afirmar que Jesus ressuscitou e lembrar tudo que o Mestre fez e disse, e desse modo testemunhá-lo com o nosso agir cristão. Diz o texto: "Soprou sobre eles e disse: 'Recebei o Espírito Santo. A quem perdoardes os pecados, eles lhes serão perdoados; a quem não os perdoardes, eles serão retidos" (Jo 20,23). Portanto, Jesus glorioso une a pessoa do Espírito Santo ao terceiro presente de Páscoa: o dom do perdão dos pecados. Vejamos o tamanho das riquezas e oportunidades que esse acontecimento nos oferece: paz, Espírito, perdão. Como conservá-los em nós? Praticando o que ele ensinou, que se resume no amor fraterno, do qual decorre o desejo do Senhor de perdoarmos também como ele, ou seja, até os inimigos. Sabemos o quanto é difícil chegar a esse patamar, mas é a proposta para aqueles que desejam ressuscitar com Jesus. Como falamos no início, faz-se necessário conquistar, no cotidiano, o Paraíso perdido.

Nesse dia de vitória, o apóstolo Tomé não estava no meio deles e, por isso, não acreditou. Oito dias depois, quando a Liturgia celebra o segundo domingo da Páscoa, na sua Oitava, que São João Paulo II também chamou de Domingo da Divina Misericórdia, Jesus aparece novamente e Tomé estava lá; dirigindo-se a ele, como para aqueles que hoje ainda duvidam da sua ressurreição, diz: "Põe o teu dedo aqui e olha as minhas mãos. Estende a tua mão e coloca-a no meu lado. E não sejas incrédulo, mas fiel". Jesus repreende Tomé e a todos que não têm fé, mas oferece a chance de acreditarem: "... não sejas incrédulo...". Tomé responde com uma jaculatória muito usada nos nossos dias: "Meu Senhor e meu Deus". É nesse momento que o Ressuscitado nos oferece o quarto presente de Páscoa, a bem-aventurança da fé:

"Bem-aventurados os que creram sem terem visto". Portanto, já somos felizes porque acreditamos que Jesus está vivo, que não morre mais e que fez brilhar a vida eternamente para todos os que acreditam nesta verdade (cf. Jo 20,24-29).

Durante os cinquenta dias do Tempo Pascal, a Sagrada Liturgia nos apresenta fatos que aconteceram depois da ressurreição e anteriores a ela, que são lidos e interpretados para serem colocados em prática, a partir dela.

O segundo domingo da Páscoa, como acabamos de ver, é sempre dedicado ao episódio de Tomé e ao presente da bem-aventurança da fé, independentemente de estarmos nos Anos A, B ou C do calendário litúrgico.

No Ano A, temos a seguinte sequência de lições: no terceiro domingo da Páscoa, o Evangelho nos apresenta a cena dos Discípulos de Emaús (Lc 24,13-35), em que Jesus é reconhecido na fração do pão; por isso mesmo é que o ato de repartir nos faz cristãos autênticos e torna o Ressuscitado presente na comunidade cristã. Nesse Evangelho, encontramos a fundamentação bíblica para as duas partes da Santa Missa: a Liturgia da Palavra e a Liturgia Eucarística, pois, no caminho, Jesus relembrou as Escrituras que trataram sobre ele e os acontecimentos de seu mistério pascal e as explicou, fazendo uma verdadeira homilia; e já dentro de casa, sentados à mesa, fez a Liturgia Eucarística, ao repartir o pão para todos. Nesse momento, os dois discípulos o reconhecem; então, Jesus desaparece para se tornar o Cristo da fé. Daí, em cada Missa, logo após a Consagração, o celebrante canta ou diz solenemente a expressão: "Eis o mistério da fé!", e a Assembleia responde em forma de Memorial: "Anunciamos, Senhor, a vossa morte e proclamamos a vossa ressurreição. Vinde, Senhor Jesus!". Esta resposta constitui uma verdadeira expressão de fé em Jesus Ressuscitado, que voltará para julgar os vivos e os mortos, dando a cada um o louvor que merece. Os que se acharem dignos sentarão com ele para o banquete eterno das núpcias do Cordeiro.

O quarto domingo da Páscoa, independentemente de ser Ano A, B ou C e pela tradição litúrgica, é chamado, também, de Domingo do Bom Pastor. Portanto, trata-se de um Evangelho que Jesus pronunciou antes da ressurreição e que se lê a partir da Páscoa. A antífona de entrada é a seguinte: "Ressuscitou o Bom Pastor que deu a vida pelas suas ovelhas e se dignou morrer pelo seu rebanho". O Bom Pastor sempre se preocupa com as ovelhas mais doentes, cuida delas com carinho, coloca-as nos ombros, conhece cada uma pelo nome, e elas o seguem aonde ele for.

No quinto domingo da Páscoa deste ciclo de leituras, temos o Evangelho de Jo 14,1-12 pronunciado por Jesus, também antes da sua ressurreição, mas entendido a partir dela. Aqui, ele se apresenta como o Caminho, a Verdade e a Vida, ou seja, somente se chega ao Pai por essa via. Quando o colocamos nessa perspectiva, não temos o que temer, pois sabemos que o verdadeiro caminho se opõe às falsas veredas, aquelas que não têm direção; a verdade se opõe à mentira, que é uma das características do tentador, sendo definido como "o pai da mentira", e a vida é opositora da morte, mostrando-nos claramente que o verdadeiro cristão opta sempre por ela e opõe-se a toda forma de morte, seja pelo aborto, pela eutanásia, pelas armas ou pela indiferença. Os que optam por ser instrumento de morte para o seu próximo, muito cuidado! Serão julgados severamente pelo Senhor da Vida, se não houver um arrependimento sincero com absolvição sacramental antes da sua segunda vinda ou da vinda particular no momento da partida para a eternidade.

A árvore da vida é a *cruz* do Senhor! Em Ap 2,7 lemos: "Ao vencedor lhe darei comer da árvore da vida que está no paraíso de Deus". Kurten e Santos afirmam em seu texto: "Aquilo que Gênesis proíbe a Adão, o Apocalipse promete ao 'vencedor'. Essa promessa só é possível graças à morte de Jesus Cristo no 'lenho' da cruz. João vê na cruz a 'árvore da vida', que dá vida".[2]

No Evangelho do sexto domingo da Páscoa deste ano litúrgico, do ciclo A, temos o trecho em que Jesus promete o Consolador (Jo 14,15-21), também pronunciado por ele antes dos acontecimentos pascais, mas já entendido no próprio dia da ressurreição. Como mostramos acima, o Consolador, que é o Espírito Santo, é um dos presentes da Páscoa que nos santifica e nos faz testemunhar, com nossas palavras e atitudes, tudo aquilo que Jesus ensinou, tornando-nos cristãos autênticos e anunciadores da Verdade.

Aqui no Brasil, no sétimo domingo da Páscoa, celebramos a Ascensão do Senhor aos céus. Nesse dia escutamos a perícope do Evangelho de Mt 28,11-20, em que Jesus afirma que todo poder lhe foi dado no céu e na terra e pede aos discípulos que o anunciem, batizando em nome do Pai e do Filho e do Espírito Santo e ensinando aos novos discípulos guardar e praticar os seus ensinamentos, dando-nos um grande consolo: "Eis que estarei convosco todos os dias até a consumação dos séculos" (cf. Mt 28,20). E isto se comprova em nossas liturgias, quando se diz, sem interrupções: "Ele está no meio de nós!". E realmente está. A prova histórica é a nossa fé e testemunho. Pela solenidade da Ascensão do Senhor, temos a certeza de que nossa pobre natureza humana já se encontra à direita do Pai na humanidade glorificada do Homem Jesus Cristo; por isso, dizermos na Oração do Dia: "Ó Deus, a Ascensão do vosso Filho já é a nossa vitória,

---

[2] KURTEN, Ivonete; SANTOS, Francisco Eduardo de Souza. *Um mês com a Rainha do Céu*. São Paulo: Paulinas, 2017.

pois, membros do seu Corpo, somos chamados na esperança a participar da sua glória".[3]

O oitavo domingo da Páscoa é sempre o dia solene de Pentecostes, pois é o quinquagésimo dia após a ressurreição, conforme a narrativa de At 2,1-11, primeira leitura da Missa do Dia dessa solenidade. O Evangelho, independentemente do ciclo litúrgico, é sempre igual em todos os anos (cf. Jo 20,19-23), que é o acontecimento já meditado neste texto, o qual se passou ao anoitecer do domingo de Páscoa, mostrando que, no dia da ressurreição, Jesus glorioso já oferece à sua Igreja o dom do Espírito Santo, o qual se torna um acontecimento histórico para todas as nações no dia de Pentecostes. A liturgia, portanto, deseja mostrar, em sua vivência, que os cinquenta dias de Páscoa são celebrados como um longo domingo da ressurreição.

E o Espírito Santo é sempre sopro de vida; por isso é que dizemos, com toda convicção, que, após a ressurreição de Nosso Senhor Jesus Cristo: *a morte já não mata mais*. E com os anjos da Páscoa: "Ele não está aqui. Ressuscitou" (Lc 24,6a). *Aleluia, aleluia!*

O salmo da Missa do Dia de Páscoa é o 117, próprio para essa celebração. Os versículos escolhidos são os que seguem e a antífona é: "Este é o dia que o Senhor fez para nós: alegremo-nos e nele exultemos!".

Dai graças ao Senhor, porque ele é bom!
Eterna é a sua misericórdia!
A casa de Israel agora o diga:
eterna é a sua misericórdia!

---

[3] Missal Romano.

A mão direita do Senhor fez maravilhas,
a mão direita do Senhor me levantou.
Não morrerei, mas, ao contrário, viverei
para cantar as grandes obras do Senhor!

A pedra que os pedreiros rejeitaram
tornou-se agora a pedra angular.
Pelo Senhor é que foi feito tudo isso:
que maravilhas ele fez a nossos olhos!

Como vemos, a antífona já nos coloca bem inseridos na realidade do dia da ressurreição do Senhor. Esse dia que o Senhor fez para nós é cantado como atualização da ressurreição de Cristo, e também já anuncia o grande dia de sua volta, naquele domingo escatológico que não terá mais ocaso. Para esse dia, caminhamos na alegria e na esperança. A eterna misericórdia de Deus, que sempre faz maravilhas, dá-se pela vitória do Filho sobre a morte; por isso, cede lugar à vida conquistada pela pedra rejeitada, que é o fundamento da Igreja. No primado de Cristo, primogênito das coisas criadas e primogênito dentre os mortos (cf. Cl 1,15-20), recebemos toda nossa justificação. Cantemos louvores a esse Dia de Vitória; cantemos louvores à Vítima Pascal que duelou com o mal e nos abriu o caminho da salvação! *Aleluia!*

Preces

1. Senhor, nosso Deus, cujo Filho amado, vencedor da morte, abriu para nós as portas do paraíso trancadas pelos nossos primeiros pais, fazei que todas as pessoas que vivem na escuridão e sem fé na ressurreição de Jesus Cristo possam chegar à luz da verdade.

R. **Pela vossa ressurreição, vinde em nosso auxílio, Senhor!**

2. Senhor, nosso Deus, cujo Filho não hesitou em se entregar ao sacrifício para vos obedecer e nos libertar do mal, fazei que todos os que sofrem e passam por dificuldades possam encontrar ânimo pela ressurreição de Cristo, cuja vitória hoje celebramos.

3. Senhor, nosso Deus, que na vossa misericórdia nos resgatastes pelo mistério pascal de Jesus Cristo, fazei que todos os cristãos, inseridos nele pelo Batismo, possam viver no perdão e promovendo a paz.

4. Senhor, nosso Deus, que abristes o mar Vermelho para vosso povo e preservastes seus primogênitos do extermínio, como anúncio da verdadeira Páscoa, fazei que todos vos reconheçam como a fonte da vida e possam viver da verdadeira Palavra, Nosso Senhor Jesus Cristo.

5. Senhor, nosso Deus, fonte de vida e graça, que pela ressurreição do Filho conquistastes para todos nós a esperança em um futuro feliz, fazei que os pobres, marginalizados e sofredores possam compreender, mesmo em sua penúria, que vós sois a única esperança.

Oração

Deus, nosso Pai, única esperança das nações, anunciastes pelos profetas e salmos o mistério da morte e ressurreição do vosso Filho, cujo dia luminoso hoje celebramos. Dai a todos os povos viverem em contínua ação de graças para receberem os frutos que brotam do mistério pascal de Cristo. Ele, que vive convosco na unidade do Espírito Santo. Amém.

7. Santíssima Trindade

(Domingo depois de Pentecostes)

Nesta solenidade comemoramos o mistério do nosso Deus que é Uno e Trino. O Pai, o Filho e o Espírito Santo têm a mesma natureza, mas, nas missões e manifestações históricas, são três pessoas distintas. Quando Deus cria, dizemos ser o Pai, que também conduz a sua obra de perto. Portanto, não é o mero arquiteto do universo que cria e se distancia da sua criação. Quando Deus salva, dizemos ser o Filho que nos resgatou pela cruz e pela ressurreição. A nossa santificação é obra do Espírito Santo, que ainda tem a missão de nos *revelar toda verdade* (cf. Jo 16,13) e o que Jesus ensinou e fez.

A Santíssima Trindade também se apresenta como modelo de comunidade. As relações interpessoais do nosso Deus são perfeitas, pois cada um respeita o lugar e a missão do outro enquanto age como família, pois cada ação determinada por uma das Pessoas é obra das outras duas. A teologia chama de "pericórese" a relação entre as Pessoas de Deus, em que cada uma contém a outra. Por isso, Jesus diz a Filipe e a nós: "Não crês tu que eu estou no Pai e que o Pai está em mim?" (Jo 14,10). E, ainda, que ambos enviarão o Espírito Santo: "Eu rogarei ao Pai e ele vos dará um advogado" (Jo 14,26). Esse convívio divino é um modelo para nossas relações. Precisamos, com humildade, respeitar os espaços do outro e lhe dar vez, como também contribuir com nossos dons para o enriquecimento da comunidade e manter a igualdade e a fraternidade na diferença.

A Sabedoria de Deus trata do Filho, que é a sua Palavra viva, a qual, desde toda a eternidade, foi constituída, gerada quando nenhuma das criaturas existia; criava junto com o Pai e estava do seu lado como um mestre de obras. Era o seu encanto, brincando a todo tempo na sua presença e alegrando-se em conviver como os filhos dos homens (cf. Pr 8,22-31). A carta de São Paulo aos Romanos, posta como Segunda Leitura da Missa deste dia (ano C do ciclo de lições), ensina-nos sobre a constância e a caridade produzidas em nós como fruto do Espírito Santo. Eis o texto:

> Irmãos, justificados pela fé, estamos em paz com Deus pela mediação do Senhor nosso, Jesus Cristo. Por ele tivemos acesso, pela fé, a esta graça, na qual estamos firmes e nos gloriamos, na esperança da glória de Deus. E não só isso, pois nos gloriamos também de nossas tribulações, sabendo que a tribulação gera a constância, a constância leva a uma virtude provada, a virtude provada desabrocha em esperança, e a esperança não decepciona, porque o amor de Deus foi derramado em nossos corações pelo Espírito Santo que nos foi dado (Rm 5,1-5).

Temos nesse pequeno texto a presença harmoniosa da Santíssima Trindade, pois fomos justificados por Deus pela fé em Jesus Cristo, nosso único Mediador, e essa esperança não decepciona, porque o Espírito Santo nos foi dado, ele que é o amor de Deus derramado em nossos corações. O próprio Jesus Cristo nos ensina que o Pai o enviou não para condenar o mundo, mas para que o mundo seja salvo por ele. Quem permanecer nessa fé, será redimido e convidado a participar do convívio da Santíssima Trindade, fazendo parte da verdadeira Comunidade.

A Oração do Dia possui o seguinte texto: "Ó Deus, nosso Pai, enviando ao mundo a Palavra da verdade e o Espírito santificador, revelastes o vosso inefável mistério. Fazei que, professando a verdadeira fé, reconheçamos a glória da Trindade e adoremos a Unidade onipotente".[1] O Pai envia o Filho e o Espírito, mas nenhuma das Pessoas deixa a glória e a unidade do convívio trinitário. Ao Deus Uno e Trino, nossa adoração para sempre!

A salvação é uma comunhão de amor entre Deus e os seres humanos; e é nele que entendemos nosso destino. Se chamados à comunhão trinitária, a vida se torna um valor precioso, pois todos os dias encontraremos sentido para progredir no caminho da santidade, tendo diante dos olhos o mesmo objetivo: sentar-se com o Filho à direita do Pai. Como nos diz São Paulo, corremos para a mesma meta:

> Não sabeis vós que os que correm no estádio, todos, na verdade, correm, mas um só leva o prêmio? Correi de tal maneira que o alcanceis. E todo aquele que luta de tudo se abstém; eles o fazem para alcançar uma coroa corruptível; nós, porém, uma incorruptível. Pois eu assim corro, não como a coisa incerta; assim combato, não como batendo no

---

[1] Missal Romano.

ar. Antes subjugo o meu corpo e o reduzo à servidão, para que, pregando aos outros, eu mesmo não venha de alguma maneira ficar reprovado (1Cor 9,24-27).

Corremos, portanto, para conseguirmos a coroa incorruptível; para tanto, devemos, como São Paulo, combater o bom combate e terminar nossa carreira terrena guardando a fé. Assim, teremos a certeza de participarmos da Comunidade Trinitária do nosso único Deus de amor.

O salmo responsorial para o ciclo de leituras do Ano C do lecionário é o 8, com a seguinte antífona: "Ó Senhor, nosso Deus, como é grande vosso nome por todo o universo!".

Contemplando estes céus que plasmastes
e formastes com dedos de artista;
vendo a lua e as estrelas brilhantes,
perguntamos: "Senhor que é o homem,
para dele assim vos lembrardes
e o tratardes com tanto carinho?".

Pouco abaixo de Deus o fizestes,
coroando-o de glória e esplendor;
vós lhe destes poder sobre tudo,
vossas obras aos pés lhe pusestes.

As ovelhas, os bois, os rebanhos,
todo gado e as feras da mata;
passarinhos e peixes dos mares,
todo ser que se move nas águas.

O Salmo 8 canta o louvor da criação, porque a Primeira Leitura do Livro dos Provérbios (8,22-31) nos mostra o Pai criando o universo e o Filho como mestre de obras, brincando e encantando. A grandeza do nosso Deus é imensa, pois ele criou todas as coisas e fez, como síntese da criação e com todo carinho, o ser humano, para poder louvá-lo com entusiasmo, oferecendo a ele o sacrifício dos lábios. Todos os seres o bendizem e cantam sua magnitude e fortaleza, que se revelam contra os inimigos, ou seja, o mal, que deseja nos distanciar do nosso objetivo maior, Deus.

Com todas as criaturas, cantemos os louvores de Deus e os prodígios que realizou e ainda hoje realiza em nosso meio.

Preces

1. Senhor, nosso Deus, Criador de todas as coisas, nós vos agrademos por nos ter criado para vosso louvor. Fazei que a humanidade inteira vos reconheça como o único Deus verdadeiro que se manifesta ao mundo como uma Comunidade de amor.

R. **Deus, Comunidade de amor, fazei-nos participar do vosso convívio!**

2. Senhor, nosso Deus, que enviastes o vosso Filho para ser o nosso Redentor, fazei que possamos seguir tudo o que ele nos revelou, a fim de que, um dia, sentemos com ele à vossa direita.

3. Senhor, nosso Deus, que junto com o Filho mandastes ao mundo o Espírito da Verdade, fazei que sejamos dóceis aos seus apelos e nos abramos às suas unções para praticarmos a vossa vontade e pronunciarmos palavras benditas que edifiquem a vossa Igreja.

4. Senhor, nosso Deus, que ao longo da História da Salvação vos revelastes em Três Pessoas distintas e uma só natureza, fazei que a comunhão na Igreja, testemunhada pelo Papa,

bispos, clero, religiosos e leigos manifeste vossa presença em todas as nações.

5. Senhor, nosso Deus, que nos ensinais a rezar pela ação do Espírito Santo que procede de vós e do Filho, fazei que o mesmo Espírito venha socorrer nossa fraqueza e fazer que se realize em nós aquilo que for da vossa vontade.

Oração

Deus, nosso Pai, que vos revelastes como uma Comunidade de amor, manifestai em nossos corações aquelas maravilhas que realizastes no início da pregação do Evangelho, através dos ensinamentos do Filho e da ação do Divino Espírito Santo. Pelo mesmo Jesus Cristo, na unidade do Espírito Santo. Amém.

8. Santíssimo Corpo e Sangue de Cristo

(Quinta-feira depois da
Santíssima Trindade)

O fato histórico da instituição da santa Eucaristia aconteceu na Última Ceia, quando Jesus antecipou o seu sacrifício da cruz, deixando um singular conforto para a Igreja até a sua volta. Portanto, é o penhor da glória futura.

A solenidade de *Corpus Christi* remonta ao século XIII e foi instituída pelo Papa Urbano IV. Atendendo ao pedido de vários bispos, o Santo Padre institucionaliza essa festa para a Igreja por meio da bula *Transiturus*, de 08/09/1264, fixando-a para a quinta-feira após a Oitava de Pentecostes. Como a Reforma Litúrgica do Concílio Vaticano II extinguiu essa Oitava, permanece no mesmo dia, mas dizemos como acima, ou seja, na quinta-feira após o domingo da Santíssima Trindade.

Na Paróquia de Saint Martin de Liége, na Bélgica, em 1220, já acontecia uma procissão com o Santíssimo Sacramento dentro da

Igreja; posteriormente, aconteceu a primeira procissão pelas ruas dessa cidade, já com abrangência diocesana e, depois, tornou-se uma festa nacional na Bélgica. No século XIV, as procissões foram dotadas de indulgências pelos Papas Martinho V e Eugênio IV. Por fim, o Concílio de Trento, no século XVI, determinou para toda a Igreja esse costume de conduzir a Eucaristia pelas ruas e lugares públicos. Essa procissão se torna de grande importância para nossa fé, pois conduz ao próprio Senhor da vida.

A atual liturgia desse dia apresenta três propostas para as lições, ou seja, Anos A, B e C. No Ano A, a Primeira Leitura do capítulo oitavo do livro do Deuteronômio faz memória dos quarenta anos de deserto do Êxodo, quando Deus provou o seu povo e o alimentou com o Maná que desceu do céu, símbolo da futura Eucaristia. O texto da Primeira Carta de São Paulo aos Coríntios explica-nos esse mistério: "Irmãos, o cálice da bênção, o cálice que abençoamos, não é a comunhão com o sangue de Cristo? E o pão que partimos, não é a comunhão com o corpo de Cristo? Porque há um só pão, nós todos somos um só corpo, pois todos participamos desse único pão" (1Cor 10,16-17). Portanto, a Eucaristia é o sacramento da Unidade, pois, se nos alimentamos do mesmo pão, formamos comunhão uns com os outros. O Evangelho nos apresenta parte do Discurso Eucarístico de São João, no capítulo 6. Jesus afirma que ele próprio é o Pão Vivo descido do céu; por isso, quem come desse pão viverá eternamente. O maná do deserto era apenas uma figura desse alimento espiritual, pois o Corpo de Cristo nos alimenta para a vida eterna.

No ano B, a Primeira Leitura nos faz meditar sobre a aliança do Sinai (Ex 24). Ali, era uma figura da nova e definitiva aliança no Sangue de Cristo. O Banquete Eucarístico nos faz entrar em plena comunhão com Deus, pois nos alimentamos da mesma oferta que oferecemos ao Pai, o seu próprio Filho. A Segunda Leitura da Carta aos Hebreus, capítulo 9, trata do sacerdócio de Cristo, que entrou de uma vez por todas no Santuário, não com sangue de animais, mas com o seu. Assim, tornou-se o único sacerdote da nova Aliança e a própria vítima. Já a perícope evangélica traz o texto de Marcos, que trata da preparação da Última Ceia, acontecimento singular no Cenáculo de Jerusalém, em que Jesus dá um novo sentido à Páscoa judaica: agora o pão é o seu Corpo e o cálice da bênção, o seu sangue.

O Ano C nos mostra Melquisedec, rei de Salém, que trouxe pão e vinho como sacerdote do Deus Altíssimo e abençoou Abraão, o qual lhe entregou o dízimo de tudo. Esse sacerdote sem genealogia não oferece animais, mas os frutos da terra, mesma matéria da Eucaristia. A Segunda Leitura é o texto de São Paulo sobre a instituição da Eucaristia, que, por sinal, é o mais antigo sobre o tema: "Irmãos, o que eu recebi do Senhor foi isso que eu vos transmiti: Na noite em que foi entregue, o Senhor Jesus tomou o pão e, depois de dar graças, partiu-o e disse: 'Isto é o meu Corpo que é dado por vós. Fazei isto em minha memória'. Do mesmo modo, tomou também o cálice e disse: 'Este cálice é a nova Aliança, em meu Sangue. Todas as vezes que dele beberdes, fazei isto em minha memória'. Todas as vezes, de fato, que comerdes deste pão e beberdes deste cálice, estareis proclamando a morte do Senhor, até que ele venha". Portanto, este é o grande testamento de Jesus, o qual o Apóstolo das Gentes tem necessidade de apresentar. E esse memorial é sempre uma atualização, no hoje, do mistério de Jesus Cristo, que se faz alimento para nos fortalecer contra as investidas do mal. O Evangelho deste dia nos faz meditar sobre o milagre da Multiplicação dos Pães, em que encontramos Jesus e os Apóstolos alimentando o seu povo no mesmo contexto da Celebração Eucarística, pois, aqui também, ele deu graças e distribuiu; no entanto, eram os

Apóstolos que entregavam às pessoas. A comida foi tanta que ainda sobrou, porque foi partilhada; figura da abundância do novo messianismo que se inaugurava.

Como se vê, essa solenidade é um prolongamento da Quinta-feira Santa, visto que, nesse dia, se entra logo na celebração da paixão do Senhor. A Igreja, com essa celebração, dá ênfase ao seu maior sacramento, afirmando a fé na presença real de Jesus Cristo na Eucaristia.

O salmo apresentado neste formulário da Missa (Ano C) é o 109, que traz a seguinte antífona: "Tu és sacerdote eternamente, segundo a ordem do rei Melquisedec!".

Palavra do Senhor ao meu senhor:
"Assenta-te ao meu lado direito,
até que eu ponha os inimigos teus
como escabelo por debaixo de teus pés!".

O Senhor estenderá desde Sião
vosso cetro de poder, pois ele diz:
"Domina com vigor teus inimigos.
Tu és príncipe desde o dia que nasceste;
na glória e esplendor da santidade,
como o orvalho, antes da aurora, eu te gerei".

Jurou o Senhor e manterá sua palavra:
"Tu és sacerdote eternamente,
segundo a ordem do rei Melquisedec".

Este salmo canta o sacerdócio de Cristo, que tem como figura a ordem do rei Melquisedec. Ele traz como oferta ao Deus Altíssimo o pão e o vinho. Jesus Cristo é o único que já nasceu sacerdote, pois não precisou de um rito para se fazer como tal.

Todos os escolhidos por ele para participar do seu sacerdócio se submetem a um Ritual de Ordenação. Davi, neste salmo, fala de um Rei da sua descendência, muito mais importante do que ele, a quem chama de Senhor.

O poder do cetro, que domina os inimigos, alude ao capítulo 49 do livro do Gênesis, com relação à autoridade da tribo de Judá, de onde vêm Davi e o Salvador. "O cetro não se afastará de Judá." Esse domínio, sem dúvida, é o do Messias, sumo sacerdote que vem plantar a justiça em todas as nações. E, nessa condição, oferece-se ao Pai e nos deixa o memorial do seu Corpo e Sangue.

Preces

1. Senhor, nosso Deus, que estabelecestes a Páscoa judaica como antecipação da verdadeira Páscoa em vosso Filho, fazei que todos os sacerdotes, participando da mesma consagração do Messias, possam exercer o seu ministério com zelo e a serviço de toda a Igreja.

R. Que o Pão de Deus sempre nos alimente!

2. Senhor, nosso Deus, que vos manifestastes pela bênção de Melquisedec a Abraão, fazei que a Eucaristia, Memorial do vosso Filho, dê forças a todas as crianças que se preparam para a Primeira Eucaristia.

3. Senhor, nosso Deus, que na vossa bondade providenciastes o maná para alimentar o vosso povo na travessia do deserto, fazei que o Corpo e o Sangue de Jesus sejam constante alimento e nos fortaleça no combate contra o espírito do mal.

4. Senhor, nosso Deus, que fizestes uma aliança conosco no banquete do Sinai, fazei que todos os homens sejam fiéis à definitiva aliança, no mistério do Corpo e Sangue do vosso amado Filho, e assim sejamos, juntos, conduzidos à vida eterna.

5. Senhor, nosso Deus, fonte da sabedoria que construiu sua casa e ergueu uma mesa com vinho. Fazei que toda a Igreja se una no mesmo louvor em torno do Santíssimo Sacramento e que, a todo instante, sempre se deem graças por tão grande dádiva.

Oração

Deus, nosso Pai, que sempre providenciastes o necessário a nossa fome e, na plenitude dos tempos, destes-nos vosso Filho para ser nosso alimento espiritual, através do sacramento da Eucaristia, fazei que este memorial da sua paixão possa sempre nos conduzir à santidade. Ele, que vive convosco na unidade do Espírito Santo. Amém.

9. Sagrado Coração de Jesus

(Na sexta-feira, após o segundo domingo
depois de Pentecostes)

A solenidade do Sagrado Coração de Jesus é um prolongamento da Sexta-feira Santa, pois não há maior amor do que aquele que dá a vida pelos amigos (cf. Jo 15,13). E é essa perspectiva que a Sagrada Liturgia deseja acentuar: o amor extremo do Senhor por nós, representado pela simbologia do coração. Aliás, a Oração do Dia faz essa menção: "Concedei, ó Deus todo-poderoso, que, alegrando-nos pela solenidade do Coração do vosso Filho, meditemos as maravilhas do seu amor e possamos receber desta fonte de vida uma torrente de graças".[1]

No Ano C do ciclo de leituras do Lecionário, encontramos o Pai e o Filho exercendo o seu amor para conosco através da imagem do Bom Pastor. O texto do capítulo 34 do profeta Ezequiel diz que Deus mesmo vai cuidar das suas ovelhas e resgatá-las em dias de nuvem e solidão, apascentando-as nos montes de Israel e providenciando para elas pasto e abrigo. Cinco verbos se

---

[1] Missal Romano.

destacam na manifestação concreta do amor: *procurar* a ovelha perdida; *reconduzir* a extraviada; *enfaixar* a da perna quebrada; *fortalecer* a doente e *vigiar* a ovelha gorda e forte. Portanto, em qualquer contexto, as ovelhas são protegidas. Deus Pai, em seu amor imenso, com toda paciência cuida dos pecadores e deseja que eles retornem para casa. Se estiverem perdidos, vai atrás e faz festa quando os encontra. O texto da Carta de São Paulo aos Romanos, no capítulo 5, afirma que o amor de Deus foi derramado em nosso coração pelo Espírito que nos foi dado. Aqui, é o amor da Terceira Pessoa da Santíssima Trindade que se revela, pois, se temos o Divino Espírito Santo, podemos viver de esperança, e ela não decepciona. É ele quem nos faz entender que dificilmente alguém dá a vida por um justo e que Jesus Cristo morreu pelos ímpios, quando ainda éramos pecadores; esta é a prova de que Deus nos ama, já que nos justificou pelo Sangue do seu Filho. A perícope do Evangelho de São Lucas, no capítulo 15, traz-nos a parábola da Ovelha Perdida. Jesus nos ensina que, diante de um rebanho de cem ovelhas, se uma se perder, o bom pastor deixa as noventa e nove e vai à busca da perdida. Quando a encontra, convoca os amigos e vizinhos e faz uma festa. Assim acontece conosco, pois haverá mais festa nos céus por um só pecador que se converte do que por noventa e nove justos que não precisam de conversão. Contudo, é necessário entender que esses justos também são vigiados, para que não caiam. Portanto, o amor do Bom Pastor se revela, sobretudo, em sua misericórdia para com os pecadores.

No ciclo de leituras do Ano B, o Evangelho nos mostra os últimos momentos de Jesus na cruz. Naquela hora extrema de amor, tendo já dado a vida por nós, um soldado, para comprovar sua morte física, abriu-lhe o lado com a lança, e logo saiu água e sangue, símbolos do Batismo e da Eucaristia, os dois sacramentos que fazem a Igreja. E o próprio São João acrescenta: "Aquele que viu, dá testemunho, e seu testemunho é verdadeiro; e ele sabe que fala a verdade, para que vós também acrediteis. Isso aconteceu para que se cumprisse a Escritura que diz: 'Não quebrarão nenhum de seus ossos'. E outra Escritura ainda diz: 'Olharão para aquele que transpassaram'" (Jo 19,35-37). Assim, na cruz, vemos que Jesus nos amou até o fim, pois, assumindo nossas fraquezas, nos resgatou para sempre; resta-nos escolher viver no seu seguimento.

Já no Ano A, temos a oração de louvor feita por Nosso Senhor, que dá graças ao Pai por revelar os mistérios do Reino aos pequeninos (humildes) e escondê-los dos que se dizem sábios e entendidos. Ele nos revelou que Deus é Pai nosso e se apresentou como Aquele que nos dá descanso, pois, atraídos ao seu Coração, nunca ficaremos cansados. Ele, sempre manso e humilde de coração, convida-nos a segui-lo, também, por esse caminho (cf. Mt 11,25-30).

O salmo para este dia, no ciclo de lições do Ano C, é o 22, que trata do pastoreio. Traz como antífona: "O Senhor é o pastor que me conduz; não me falta coisa alguma".

O Senhor é o pastor que me conduz;
não me falta coisa alguma.
Pelos prados e campinas verdejantes,
ele me leva a descansar.
Para as águas repousantes me encaminha,
e restaura as minhas forças.

Ele me guia no caminho mais seguro,
pela honra do seu nome.
Mesmo que eu passe pelo vale tenebroso,
nenhum mal eu temerei.

Estais comigo com bastão e com cajado,
eles me dão a segurança.

Preparais à minha frente uma mesa,
bem à vista do inimigo;
com óleo vós ungis minha cabeça,
o meu cálice transborda.

Felicidade e todo bem hão de seguir-me,
por toda a minha vida;
e, na casa do Senhor, habitarei
pelos tempos infinitos.

Este salmo, além de retratar o pastor bondoso que cuida com carinho de seu rebanho, traz também a ideia daquele que acolhe (recebe). O pastor amoroso conduz as suas ovelhas para prados verdejantes e águas tranquilas. Aquele que hospeda provê o alimento com abundância para os seus convidados. O óleo com o qual somos ungidos é a unção do Espírito Santo que recebemos no Batismo, na Crisma e no sacramento da Ordem, no caso dos presbíteros e bispos. O cálice nos lembra a Mesa Eucarística, que é preparada para nós do nascer ao pôr do sol, até a volta do Senhor, o nosso Bom Pastor, pois ele não nos deixou só, mas institui, abundantemente, o Memorial do seu amor, a fim de caminhar conosco por toda a vida. Por isso, não devemos nos afastar de sua casa e do altar, para onde nosso olhar sempre estará fixo.

Preces

1. Senhor, nosso Deus, que por amor a nós vos fizestes o Bom Pastor, fazei que todas as ovelhas do rebanho de vosso Filho, cujo Coração hoje celebramos como a fonte da misericórdia, possam se deixar guiar pela vossa vontade.

R. **No vosso infinito amor, salvai-nos, Senhor!**

2. Senhor, nosso Deus, que nos destes Jesus Cristo para nos resgatar e conduzir ao vosso encontro, fazei que sejamos dóceis às ações do Espírito Santo e vivamos sempre em estado de conversão.

3. Senhor, nosso Deus, vós que sois Santo e desejais que participemos da vossa santidade, fazei que saibamos viver o nosso Batismo no seguimento constante do vosso Filho, cujo Coração, símbolo do amor divino, hoje comemoramos.

4. Senhor, nosso Deus, eu cantarei a vossa bondade eternamente e vossa fidelidade por todas as gerações. Fazei que o nosso louvor vos agrade e seja para todos nós fonte de graça.

5. Senhor, nosso Deus, Pastor da Igreja, olhai com bondade para o Sumo Pontífice (*nome do Papa*), que escolhestes para conduzir os vossos filhos aos prados eternos. Fazei que, junto com os bispos e o clero, governe o vosso rebanho com espírito de serviço, humildade e obediência aos vossos preceitos.

Oração

Ó Deus de bondade, que a cada ano nos dais a graça de meditar sobre as maravilhas do vosso amor, representadas pelo Coração do amado Filho e Salvador nosso, fazei que possamos seguir em tudo os vossos ensinamentos, a fim de fazermos parte do rebanho. Ele, que é Deus convosco, na unidade do Espírito Santo. Amém.

10. Transfiguração do Senhor

(6 de agosto)

O monte e a nuvem sempre foram elementos de teofania nas Sagradas Escrituras. No monte Moriah, Abraão não hesitou em oferecer seu filho Isaac; no monte Sinai, Deus fez aliança com o Povo Eleito; no Monte Carmelo, o profeta Elias venceu os profetas de Baal; no Sermão da Montanha, Deus resumiu o Evangelho; no monte Calvário, Jesus Cristo deu a vida para nos resgatar. Na nuvem, Deus guiava o povo pelo deserto; na nuvem, Deus falava com o povo no Sinai; pela pequena nuvem, Deus firmou a fé de Elias, assegurando-lhe chuva para Israel; da nuvem se ouviu a voz do Pai, que declarou ser Jesus seu Filho, no dia que este se deixou batizar por João no rio Jordão; a nuvem ocultou Jesus Cristo no dia de sua Ascensão aos céus. Foi no monte Tabor que Jesus se transfigurou, manifestando, assim, a sua ressurreição, e, nesse momento, da nuvem se escutou a voz do Pai, dizendo: "Este é o meu Filho amado, em que me regozijo. Ouvi o que ele diz" (Mt 17,5b).

Nesse momento solene da Transfiguração de Jesus, aparecem, ainda, Moisés e Elias: o primeiro representava a Lei e o outro, o profetismo de Israel. Aqui se resume todo o Antigo Testamento; portanto, a antiga Aliança. Jesus e seus três apóstolos: Pedro, Tiago e João, escolhidos por ele para essa experiência, representam a nova Aliança de Deus com a humanidade. A face de Jesus brilhou como sol e suas vestes ficaram alvas como a neve. Pedro gostou tanto dessa experiência que não queria mais descer do monte; por isso, fala: "Senhor, é bom para nós estarmos aqui. Se quiseres, faremos três tendas, uma para ti, outra para Moisés e outra para Elias" (Mt 17,4b). Mas é necessário que se desça da montanha para a labuta do dia a dia, pois, ao assumir o cotidiano com nossa cruz, também estaremos nos resgatando. E, para se chegar à ressurreição, faz-se necessário passar por ela. Esse é o mesmo caminho por onde Jesus passou para chegar à sua glorificação.

A Transfiguração do Senhor, nesse dia, é tida para os orientais como a Páscoa do verão, a festa da luz. Chegou ao Ocidente por volta do ano 1456 pelo Papa Calisto II, em comemoração à vitória sobre o Islã. São João, no Apocalipse, chama Jesus Ressuscitado de "Estrela brilhante da manhã" (Ap 2,28; 22,16), iluminando todos que lavam as vestes em seu Sangue. No segundo domingo da Quaresma, também temos o Evangelho da Transfiguração como uma preparação dos catecúmenos para o Batismo, já que eles se tornarão iluminados, filhos da Luz.

As lições desse dia estão relacionadas. A Primeira Leitura traz o trecho do profeta Daniel, que, em suas visões, contemplou um ancião de muitos dias, cujas vestes eram brancas como a neve; de seu trono dispendiam chamas de fogo, como clarão da verdadeira luz. Era servido por miríades de anjos e foram abertos livros à sua frente. Continuando com suas visões noturnas, o profeta ainda contempla, vindo nas nuvens do céu, um Filho de homem que foi conduzido à presença do ancião. A Ele foi dado o poder, a glória e a realeza: "Todos os povos, nações e línguas o serviam: seu poder é um poder eterno que não lhe será tirado, e seu reino, um reino que não se dissolverá" (Dn 7,14b).

A Segunda Leitura apresenta-nos o testemunho de Pedro, que estava presente no momento da Transfiguração do Senhor. O apóstolo anuncia o que significou para ele essa experiência singular e como Jesus foi revestido de glória e instituído pelo Pai como o Filho amado a quem devemos ouvir. Aguardemos, na esperança, a claridade do novo dia que se levantará como a estrela da manhã em nosso coração (cf. 2Pd 1,16-19).

Após a experiência do Tabor, os discípulos ficaram muito assustados e caíram com o rosto por terra. O Mestre, no entanto, os anima, tira-lhes os medos. Jesus pede que eles permaneçam discretos até a sua ressurreição dentre os mortos. Mesmo sem entender o significado do ressuscitar, descem com Jesus do monte e vão para as labutas missionárias, assim como nós, que, em cada Missa ou oração contemplativa pessoal, temos uma experiência grande com o Senhor e nos preparamos cada vez mais para a missão, até o dia que nos chamar para ficarmos face a face. Aí iluminaremos os outros, porque o veremos tal como ele é.

O salmo desta festa é o 96, que vem acompanhado da seguinte antífona: "Deus é Rei, é o Altíssimo, muito acima do universo".

Deus é Rei! Exulte a terra de alegria,
e as ilhas numerosas rejubilem!
Treva e nuvem o rodeiam no seu trono,
que se apoia na justiça e no direito.

As montanhas se derretem como cera
ante a face do Senhor de toda a terra;
e assim proclama o céu sua justiça,
todos os povos podem ver a sua glória.

Porque vós sois o Altíssimo, Senhor,
muito acima do universo que criastes,
e de muito superais todos os deuses.

O salmo canta os elementos da natureza presentes no episódio da Transfiguração de Jesus, a nuvem e a montanha, como também toda a sua majestade. Convoca o universo para esse louvor, pois ele está acima de toda criação. Tem como apoio o direito e a justiça, já que não admite desigualdades nem distinção entre as pessoas. Sendo justos, poderemos contemplar, um dia, a glória de Deus. Como nos diz o livro da Sabedoria: "A vida dos justos está nas mãos de Deus e nenhum tormento os afligirá!" (Sb 3,1).

Preces

1. Senhor, nosso Deus, fonte de toda luz, que nos destes Jesus Cristo como o esplendor de vossa glória, fazei que todos os batizados se tornem iluminados e façam brilhar, pelas boas ações, o fulgor do Reino dos Céus.

R. **Senhor, fazei brilhar sobre nós o esplendor do vosso rosto!**

2. Senhor, nosso Deus, que da nuvem revelastes o vosso Filho, fazei que possamos sempre ouvi-lo e pôr em prática aquilo que ele nos ensinou em seu Evangelho.

3. Senhor, nosso Deus, que sois saúde para os que esperam em vós, fazei que todos os enfermos vivam na esperança de que

Jesus Cristo transformará o seu pobre corpo, tornando-o semelhante ao seu corpo glorioso.

4. Senhor, nosso Deus, o testemunho de Moisés e Elias no monte Tabor nos faz ver que o vosso Filho, Nosso Senhor Jesus, é a nova Aliança que estabeleces conosco. Fazei que, como testemunhas da sua ressurreição, possamos anunciá--lo com nossas palavras e ações.

5. Senhor, nosso Deus, Pedro, Tiago e João ficaram prostrados como mortos diante do esplendor da vossa glória e foram animados por Jesus a não terem medo. Fazei que nossos medos sejam transformados em coragem pela presença do vosso Filho em nossas vidas.

Oração

Deus eterno e todo-poderoso, que revelastes a glória do vosso Filho para confirmar-nos na fé da ressurreição, vinde em socorro da nossa fraqueza para que possamos, por toda a nossa vida, iluminar aqueles que ainda se encontram nas trevas e nas sombras da morte. Por Jesus Cristo, que convosco vive e reina na unidade do Espírito Santo. Amém.

11. Exaltação da Santa Cruz

(14 de setembro)

A festa da Exaltação da Santa Cruz é considerada como Páscoa para os ritos orientais. Já a partir do século IV, faz parte do calendário romano, como uma homenagem à proximidade da data em que Santa Helena, mãe do imperador Constantino, encontrou as relíquias da verdadeira Cruz do Senhor; e ainda nesse período da história aconteceu a construção de uma igreja em Jerusalém com o nome de *Basílica da Cruz*. A monja espanhola Etérea (ou Egéria), ao mencionar em seu diário de viagem sobre a Semana Santa em Jerusalém, no século IV, faz menção a essa Basílica, quando trata da celebração do Domingo de Ramos e da Sexta-feira da Paixão.

A Igreja deseja, com essa festa do Senhor dentro do Tempo Comum, exaltar a cruz vitoriosa que, para nós cristãos, nunca foi motivo de derrota, mas sim de vitória, pois nela foi suspenso o Salvador do mundo para nos resgatar, esmagando definitivamente o poder do inimigo.

Os Padres da Igreja sempre falaram com muito esmero teológico e litúrgico sobre essa festividade. Nosso pai São Bento, quando escreveu a sua Regra para os monges, a coloca como elemento divisor no capítulo 48, que trata do trabalho manual cotidiano. Diz-nos ele:

> A ociosidade é inimiga da alma; por isso, em certas horas devem ocupar-se os irmãos com o trabalho manual, e em outras horas com a leitura espiritual. Pela seguinte disposição, cremos poder ordenar os tempos dessas duas ocupações: isto é, que *da Páscoa até o dia 14 de setembro*, saindo os irmãos pela manhã, trabalhem da primeira hora até cerca da quarta, naquilo que for necessário. Da hora quarta até mais ou menos o princípio da hora sexta, entreguem-se à leitura. Depois da sexta, levantando-se da mesa, repousem em seus leitos com todo o silêncio; se acaso alguém quiser ler, leia para si, de modo que não incomode a outro. Celebre-se a Noa mais cedo, pelo fim da oitava hora, e de novo trabalhem no que for preciso fazer até à tarde. Se, porém, a necessidade do lugar ou a pobreza exigirem que se ocupem, pessoalmente, em colher os produtos da terra, não se entristeçam por isso, porque então são verdadeiros monges se vivem do trabalho de suas mãos, como também os nossos Pais e os Apóstolos. Tudo, porém, se faça comedidamente por causa dos fracos. *De 14 de setembro até o início da Quaresma*, entreguem-se à leitura até o fim da hora segunda, no fim da qual se celebre a Terça; e até a hora nona trabalhem todos nos afazeres que lhes forem designados. Dado o primeiro sinal da nona hora, deixem todos os seus respectivos trabalhos e preparem-se para quando tocar o sinal. Depois da refeição, entreguem-se às suas leituras ou aos salmos.

Vejamos como São Bento cita duas vezes o dia 14 de setembro (festa da Exaltação da Santa Cruz) para regularizar as horas de trabalho, leitura e oração dos monges. Esse ideal, também, destina-se a todos os batizados, pois nosso dia cristão deverá ser sempre permeado de estudo (leitura), trabalho e oração: *ora et labora!*

Toda a citação acima foi para vermos como já no século VI, quando Bento de Núrcia escreveu a sua Santa Regra, já se tinha clareza da importância desse dia da Exaltação da Cruz de Cristo.

A primeira leitura da festa é retirada do livro dos Números, cap. 21, que trata das serpentes abrasadoras que foram enviadas por Deus devido às murmurações do povo; porém, este se arrependeu e rogou a Moisés para que intercedesse. Deus mandou que se fizesse uma serpente de bronze e a colocasse sobre uma haste; todos aqueles que fossem mordidos por cobras e olhassem para a serpente na haste, ficariam curados. Essa haste já representava a futura cruz de Nosso Senhor Jesus Cristo, pois, olhando para ela, lembramos que lá fomos curados de todos os nossos pecados, porque a nossa vitória é a cruz onde nos salvou Jesus; e, ainda, um antigo hino que se canta na Liturgia da Sexta-feira Santa: "Vitória tu reinarás, ó cruz, tu nos salvarás!". O Evangelho nos mostra a palavra de Jesus: "Assim como Moisés levantou a serpente no deserto, também é necessário que o Filho do Homem seja elevado... E, quando eu for elevado da terra, atrairei todos a mim" (Jo 3,14; 12,32).

São Paulo aos Romanos nos diz: "Se com Cristo sofremos, com ele seremos glorificados" (8,17b). Partindo dessa premissa, celebramos com maior fervor e entusiasmo a festa da Exaltação da Santa Cruz, pois é por ela que nos vem a ressurreição. Como, ainda, nos diz o Apóstolo aos Filipenses com relação a Jesus Cristo, que, sendo de condição divina, se fez obediente até à morte de cruz, e por isso Deus o exaltou e lhe deu um nome que está acima de todo nome (cf. Fl 2,8-9).

O salmo para a Missa da Exaltação da Santa Cruz é o 77, com a antífona seguinte: "Das obras do Senhor, ó meu povo, não te esqueças!".

Escuta, ó meu povo, a minha Lei,
ouve atento as palavras que eu te digo;
abrirei a minha boca em parábolas,
os mistérios do passado lembrarei.

Quando os feria, eles então o procuravam,
convertiam-se correndo para ele;
recordavam que o Senhor é sua rocha
e que Deus, seu Redentor, é o Deus Altíssimo.

Mas apenas o honravam com seus lábios
e mentiam ao Senhor com suas línguas;
seus corações enganadores eram falsos
e, infiéis, eles rompiam a aliança.

Mas o Senhor, sempre benigno e compassivo,
não os matava e perdoava seu pecado;
quantas vezes dominou a sua ira
e não deu largas à vazão do seu furor.

O salmo nos faz recordar os prodígios que o Senhor realizou com o seu povo no passado. Um deles foi o episódio da serpente de bronze, meditada como Primeira Leitura deste dia; por isso, temos que escutar atentamente as palavras do Senhor. Mas esse povo, apenas, o honrava com os lábios, ou seja, a mente não estava de acordo com a voz; e, por isso, infiel, rompia a Aliança, chegando até ao ponto de construir um bezerro de metal fundido para adorá-lo, além das murmurações que entristeceram o coração de Deus. O Senhor, no entanto, sempre o corrigia e, paciente, com o coração cheio de compaixão, perdoava os seus pecados. E assim faz conosco, pois nos oferece este tempo como trégua para a emenda dos nossos vícios, apostando na conversão de cada um dos seus filhos. Por isso, não esqueçamos nunca das obras do Senhor. Ele (o Senhor) transforma as nossas cruzes em momentos de glória.

Preces

1. Senhor, nosso Deus, que por amor nos enviastes Jesus Cristo para nos resgatar pelo suplício da cruz, fazei que aceitemos as nossas cruzes sem nunca murmurar, para que a vossa vontade se cumpra em nossas vidas.

R. **Pela glorificação da cruz, perdoai os nossos pecados!**

2. Senhor, nosso Deus, que nos assinalastes com o selo da cruz do vosso Filho, fazei que manifestemos em nossa vida o sinal da cruz que recebemos no Batismo.

3. Senhor, nosso Deus, que sempre usais de paciência e compaixão para conosco, ouvi as nossas súplicas e confortai com os auxílios necessários os fiéis que o vosso Filho remiu no santo lenho da cruz.

4. Senhor, nosso Deus, que suscitastes no deserto o símbolo da serpente de bronze numa haste, como sinal de cura, fazei que encontremos na cruz de Jesus Cristo o remédio para todas as nossas feridas.

5. Senhor, nosso Deus, que vos alegrastes pela obediência da fé de Abraão, que não hesitou em oferecer o filho Isaac, fazei que sigamos o exemplo de obediência do vosso Filho e assumamos as nossas cruzes sem murmuração.

Oração

Deus eterno e todo-poderoso, ainda hoje vemos as maravilhas que operastes para com a humanidade; e dádiva bem maior foi aquela que vos fez oferecer Jesus Cristo no lenho da cruz para remir as nossas faltas. Dai-nos a graça de estar sempre ao vosso dispor e vos servir de todo coração. Por Nosso Senhor Jesus Cristo, vosso Filho, na unidade do Espírito Santo. Amém.

12. Dedicação da Basílica de São João de Latrão

(9 de novembro)

As comemorações das dedicações das Igrejas foram sempre tidas como festas do Senhor, pois os templos de pedra são os lugares da manifestação da glória de Deus e nos recordam os templos vivos que somos nós. Este dia é celebrado em todo o Rito Romano por ser o primeiro templo consagrado e a atual Catedral de Roma, sede de Pedro e dos seus sucessores.

A Basílica de São João de Latrão foi construída pelo imperador romano Constantino, filho de Santa Helena, por volta do século IV, sendo, primeiramente, dedicada ao Divino Salvador e, mais tarde, também, aos Santos João, Batista e Evangelista. Como sabemos, foi Constantino quem concedeu paz aos cristãos, pois antes, durante a perseguição do Cristianismo, celebravam a Eucaristia nas catacumbas romanas, em cima do túmulo dos mártires. Nessa Igreja encontramos o primeiro batistério do mundo, lugar onde nascem os templos vivos do Senhor pelo sacramento do Batismo. Segundo a história, foi nele que o imperador Constantino se batizou. Durante o Império Romano, no local havia uma propriedade da família dos Lateranos (em latim, *Laterani*). Os Lateranos trabalhavam como administradores para diversos imperadores. Do lado da Basílica foi erigido um palácio, que se tornou a residência real de muitos papas.

Hoje, unimo-nos à Igreja de Roma, pois as Igrejas do mundo inteiro a reconhecem como aquela que *preside na caridade*; termo usado por Santo Inácio de Antioquia. A essa Igreja-Mãe se unem as Catedrais de cada diocese, as matrizes paroquiais e capelas; sempre na unidade com os bispos e, estes, com o bispo de Roma.

São João nos diz, no prólogo do seu Evangelho, que o Verbo se fez carne e armou sua tenda entre nós (cf. Jo 1,14). O Cristo Ressuscitado se encontra presente na Igreja como sua Cabeça e nós, seus membros. Os templos de pedra são importantes porque neles se realiza o culto dos cristãos sob a presidência de Jesus Cristo. As pedras vivas se unem para construir o Templo espiritual, do qual o Ressuscitado é a Pedra angular (cf. Ef 2,20).

A antífona de entrada para essa celebração evoca a nova Jerusalém contemplada por João no Apocalipse: "Eu vi a Cidade Santa, a nova Jerusalém, descendo do céu, de junto de Deus, ornada como a noiva que se preparou para o seu noivo".[1] Os templos de pedra são representações dessa imagem.

A Primeira Leitura, retirada do capítulo 47 do profeta Ezequiel, traz a descrição da água que jorrava do lado direito do Templo. Essas águas, que são abundantes como um rio, lembram o Batismo e têm capacidade de cura. Por brotarem do Santuário, dão vida a todos os seres vivos e fazem com que frutos

---

[1] Missal Romano.

sejam produzidos em suas margens o ano inteiro. Jesus nos diz que ele é o Templo: "Destruí este Templo e em três dias o levantarei" (Jo 2,19). O apóstolo nos explica que ele falava do Templo do seu corpo, que ressuscitaria ao terceiro dia. E, do lado de Cristo morto erguido na cruz, brotaram para nós o sangue e a água, símbolos do Batismo e da Eucaristia, os sacramentos que fazem a Igreja.

O texto da primeira carta de São Paulo aos Coríntios, no capítulo 3, apresenta cada um de nós como santuário de Deus, pois somos a sua morada. O alicerce dessa construção é Jesus Cristo, o Templo.

A perícope do Evangelho deste dia (Jo 2,13-22) trata, justamente, da expulsão dos vendilhões do Templo, pois alguns judeus estavam fazendo da Casa de Deus um lugar comercial e explorando os pobres que compravam pombas para os sacrifícios de resgate. Jesus, inflamado de zelo pela casa do Pai, expulsa do recinto esses aproveitadores, que estavam dando um sentido diferente ao local. O Templo, portanto, é o lugar de oração e encontro com Deus. Ali, a comunidade se encontra para o louvor do Senhor e, consequentemente, para santificar-se.

O salmo responsorial é o 45, que tem a seguinte antífona: "Os braços de um rio vêm trazer alegria à Cidade de Deus, à morada do Altíssimo".

O Senhor para nós é refúgio e vigor.
Sempre pronto, mostrou-se um socorro na angústia.
Assim, não tememos se a terra estremece,
se os montes desabam, caindo nos mares.

Os braços de um rio vêm trazer alegria
à Cidade de Deus, à morada do Altíssimo.

Quem a pode abalar? Deus está no seu meio!
Já bem antes da aurora, ele vem ajudá-la.

Conosco está o Senhor do universo!
O nosso refúgio é o Deus de Jacó!
Vinde ver, contemplai os prodígios de Deus
e a obra estupenda que fez no universo:
reprime as guerras na face da terra.

O salmo está em consonância com a Primeira Leitura e, por isso mesmo, o chamamos "responsorial". Aquele rio que brota do Santuário vem trazer alegrias à Cidade de Deus, que somos nós, onde ele quer habitar. A primeira estrofe nos motiva a viver sem medos e temores, pois o Senhor sempre nos socorre na angústia, já que ele está no nosso meio o tempo todo, e mesmo antes da aurora nos vigia. A certeza de sua presença em nós, seus templos vivos, faz que nos alegremos; assim, somos chamados a cantar os seus louvores nos seus templos de pedra.

Preces

1. Senhor, nosso Deus, que vos revelastes em ambientes escolhidos, fazei que saibamos santificar os lugares da vossa glória através de um culto interior em que a nossa mente concorde com a voz.

R. **Nós vos damos graças, Senhor, no vosso Templo Santo!**

2. Senhor, nosso Deus, que aparecestes a Moisés na sarça ardente e lá vos apresentastes como o libertador, fazei que a oração que elevamos nos vossos templos possam nos santificar e revele em nós a vossa glória.

3. Senhor, nosso Deus, no Sinai fizestes um pacto com vosso povo, Israel. Fazei que a definitiva Aliança, realizada no san-

gue de Jesus Cristo, possa ser atualizada em todos os altares de nossos templos, através de uma digna celebração da Eucaristia.

4. Senhor, nosso Deus, que vos manifestastes ao profeta Elias no monte Carmelo, aceitando o seu sacrifício e aniquilando os profetas de Baal, fazei que vos ofereçamos, sempre, um sacrifício de louvor que vos agrade.

5. Senhor, nosso Deus, que estais presente nos nossos templos de pedra a vós consagrados, fazei que as nossas liturgias sejam do vosso agrado e nos santifiquem.

Oração

Deus, nosso Pai, escolhestes lugares para vos apresentar ao povo e dali transmitir a santidade para aqueles que observam vossos preceitos. Vinde em socorro da nossa fraqueza, para que possamos ser templos que vos agrade e lugares da vossa habitação. Por Cristo, nosso Senhor, que vive convosco na unidade do Espírito Santo. Amém.

13. Nosso Senhor Jesus Cristo, Rei do Universo

(34º Domingo do Tempo Comum; último do Ano Litúrgico)

A solenidade de Nosso Senhor Jesus Cristo, Rei do Universo, está muito bem localizada na conclusão do Ano Litúrgico, pois ela nos lembra a Parusia, quando o Senhor, ao retornar, entregará o seu Reino ao Pai. E é essa ótica escatológica que encontramos nos últimos domingos do ciclo litúrgico, como também na primeira parte do Tempo do Advento. Essa realidade deverá estar sempre diante dos nossos olhos e, por isso, em cada Santa Missa, logo depois da Consagração, dizemos: "Vinde, Senhor Jesus!". Sendo um dogma da nossa Profissão de Fé: "Donde há de vir a julgar os vivos e os mortos".

Mas o reinado do nosso Redentor é diferente daqueles meramente humanos, que buscam o poder, as riquezas e a opressão dos fracos. Esse Reino é de amor, paz, verdade, fraternidade e justiça. O trono do nosso Rei é a cruz e sua coroa, os espinhos; por isso, ele mesmo propõe para nós esse caminho: "Se alguém quer vir após mim, negue-se a si mesmo, tome cada dia a sua cruz e siga-me" (Lc 9,23).

Foi o Papa Pio XI que instituiu essa solenidade no ano de 1925, com o intuito de barrar o crescimento de correntes de pensamento laico que se opunham aos valores cristãos. É Cristo o centro, e não o homem. É ele que deve reinar nas sociedades.

O Concílio Vaticano II conclui a Constituição *Gaudium et Spes* sobre a Igreja no mundo com um capítulo que trata do reinado de Cristo, pois ele é o alfa e o ômega para onde convergem as aspirações da nossa história e das civilizações. Ele é o primogênito dos mortos, e nós, vivificados e congregados no seu Espírito, caminhamos para a consumação da história humana, que concorda com o seu desígnio de amor: "Reunir todas as coisas em Cristo, as que estão nos céus e as que estão na terra" (Ef 1,10).

O senhorio de Jesus Cristo se dá pelo seu serviço aos irmãos. Ele é o Bom Pastor que se oferece pelas suas ovelhas e veio para servir e não para ser servido (cf. Mt 20,28; Jo 10,11). Esse é o sentido da sua realeza e do Reino que deseja estabelecer definitivamente, pois já temos as suas sementes em nosso meio através da Palavra e dos sacramentos.

> A realeza de Cristo atinge diretamente as consciências dos homens, e, por eles, se exerce sobre todas as realidades criadas, tornando o homem mais livre do que antes, menos subjugado ao pecado e à escravidão, mais capaz de exercer retamente, sobre o universo, o domínio que tem.[1]

Como vemos, é um domínio reto sempre em função do outro, seja os seres humanos, seja o meio ambiente.

---

[1] *Missal Dominical*. São Paulo: Paulus, 1995. p. 687.

A antífona de entrada é inspirada em Ap 5,12: "O Cordeiro que foi imolado é digno de receber o poder, a divindade, a sabedoria, a força e a honra. A ele, glória e poder através dos séculos!".[2] Aqui temos toda a teologia da solenidade, pois é pelo sacrifício e pela ressurreição que o Senhor é Rei dos séculos. Aquele que obedeceu, agora é vitorioso (cf. Fl 2,6-11).

No Ano A do ciclo das lições, temos na Primeira Leitura o profeta Ezequiel (cap. 34), que reflete o Pai como o Bom Pastor que cuida das ovelhas perdidas, apascentando-as conforme o direito. A Primeira Carta aos Coríntios, cap. 15, aprofunda Jesus como o Novo Adão, pois, se o pecado do primeiro Adão nos trouxe a morte, pela obediência de Cristo todos reviverão em sua ordem: primeiro ele, depois os que lhe pertencem por ocasião de sua vinda. Quando voltar no final dos tempos, irá destruir todo principado e poder do inimigo. O último a ser vencido é a morte. O Evangelho nos apresenta Jesus Cristo retornando com poder e glória para o julgamento (cf. Mt 25). O critério para se pertencer ao seu Reino são as boas obras, pois, os que tiverem alimentado os famintos, saciado os sedentos, acolhido o estrangeiro, vestido o nu, assistido o doente e visitado o preso, serão os benditos de seu Pai e ficarão à sua direita. Irão, portanto, para a vida eterna.

Já o Ano B traz como Primeira Leitura o texto do profeta Daniel, que trata de sua visão noturna, em que observa entre as nuvens do céu um Filho de homem aproximando-se do Ancião de muitos dias. Ao chegar à sua presença, foram-lhe dados poder, glória e realeza; todos os povos, nações e língua o serviam e seu Reino não se dissolverá (cf. Dn 7,13-14). Já o segundo texto, o Apocalipse de São João 1,5-8, a ser meditado nesta Missa, após apresentar Jesus como Aquele que nos liberta dos pecados pelo

---

[2] Missal Romano.

seu Sangue, fazendo de nós um reino e sacerdotes para Deus Pai, mostra-o vindo entre as nuvens, do mesmo modo que subiu o Todo-poderoso e o Senhor do universo. Os que o transpassaram baterão no peito por causa dele e proclamarão: "Amém". No Evangelho temos o diálogo solene e grave entre Pilatos e Jesus; portanto, o poder humano julgando o divino. Diante da pergunta do governador, ele responde sim, que é Rei, mas cujo reinado não é deste mundo, ou seja, não possui as características dos reinados humanos. E para ser Rei, veio a este mundo a fim de testemunhar a verdade. E todos que são da verdade escutam a sua voz (cf. Jo 18,33b-37). Optemos sempre pela verdade em oposição à mentira, pois Jesus é a própria Verdade, e, se quisermos segui-lo, devemos trilhar esse caminho.

Finalmente, o Ano C apresenta a unção do rei Davi na Primeira Leitura (1Sm 5,1-3), que garante a Jesus a sua descendência real humana. Já o trecho da Carta de São Paulo aos Colossenses (1,12-20) nos faz refletir, através de um canto litúrgico das primeiras comunidades cristãs, o primado de Jesus Cristo, tanto das coisas criadas (natureza) como do mundo sobrenatural, pois é o primogênito de toda a criação; por ele, tudo foi feito, as coisas visíveis e invisíveis. E também é o primogênito dos mortos, de sorte que em tudo têm a primazia, pois reconciliou *consigo todos os seres que estão na terra e no céu, realizando a paz pelo sangue da sua cruz.* O Evangelho nos faz refletir o episódio da cruz. A boca de um pagão reconhece em Jesus, desfigurado por nosso amor, o Senhor. Após os insultos e a zombaria aos pés de sua cruz, lê-se o letreiro que Pilatos fez escrever: "Este é o Rei dos Judeus" (Lc 23,38b). Um dos malfeitores faz a sua profissão de fé do Reino de Cristo e recebe a salvação naquele mesmo momento: "'Nem sequer temes a Deus, tu que sofres a mesma condenação? Para nós, é justo, porque estamos recebendo o que merecemos, mas ele não fez nada de mal'. E acrescentou: 'Jesus, lembra-te de mim, quando entrares no teu reinado'. Jesus lhe respondeu: 'Em verdade eu te digo: ainda hoje estarás comigo no paraíso'" (Lc 23,40b-43). A nossa maior alegria será, um dia, ouvir essa afirmativa da boca de Nosso Senhor. Estar com ele no paraíso é o fim último de toda nossa vida de oração e de testemunho evangélico.

O salmo deste ciclo de leituras é o 121, que traz a seguinte antífona: "Quanta alegria e felicidade: vamos à casa do Senhor!".

> Que alegria, quando ouvi que me disseram:
> "Vamos à casa do Senhor!".
> E agora nossos pés já se detêm,
> Jerusalém, em tuas portas.
>
> Para lá sobem as tribos de Israel,
> as tribos do Senhor,
> para louvar, segundo a lei de Israel,
> o nome do Senhor.
>
> A sede da justiça lá está,
> e o trono de Davi.

Este salmo é para ser cantado diante das portas de Jerusalém, a Cidade Santa, a Morada do Senhor, pois foi em seus arredores que o Povo de Israel, na pessoa de seus anciãos, ungiu Davi como rei na presença do Senhor. O novo rei fez com esse povo uma Aliança eterna, pois da sua descendência é que vem o verdadeiro Rei de Israel, Jesus Cristo, que no seu Sangue selou para sempre a nossa amizade com o Pai das Misericórdias. Assim, reconquistamos o paraíso perdido e nos tornamos cidadãos do seu Reino; por isso, com alegria, vamos à Casa do Senhor!

Preces

1. Senhor, nosso Deus, que preparastes para nós um Reino, através da obediência de Jesus Cristo, fazei que possamos viver os valores do vosso reinado.

R. Jesus Cristo, Rei do universo, tende piedade de nós!

2. Senhor, nosso Deus, o vosso Filho, diante de Pilatos, afirmou que, quem é da verdade, pertence ao seu Reino. Fazei que todos os povos tomem consciência de que a verdade sempre nos liberta.

3. Senhor, nosso Deus, que ungistes Davi como rei de Israel e da descendência dele estabelecestes o reinado do vosso Filho, fazei que todos aqueles que ungistes no Batismo possam anunciar o amor, a justiça, a verdade, a fraternidade e a paz.

4. Senhor, nosso Deus, que nos ensinastes que a vossa Lei se resume no amor a vós e ao próximo, fazei que possamos socorrer os desvalidos e marginalizados, a fim de que mereçamos estar à direita do vosso Filho, nosso Rei, quando ele vier em sua glória.

5. Senhor, nosso Deus, que instituístes o vosso Filho sumo e eterno Sacerdote, fazei que os sacerdotes da nova Aliança sempre se engajem no anúncio do seu Reino pela palavra e testemunho de vida.

Oração

Deus, nosso Pai, que inspirastes ao malfeitor arrependido, junto à cruz do vosso Filho, a fazer a profissão de fé em sua divindade e realeza, dai-nos a graça de corresponder pela nossa vida ao chamado que nos fizestes pelo Batismo, para participarmos do Reino de Jesus Cristo através dos valores do seu Evangelho. Ele que vive convosco na unidade do Espírito Santo. Amém.

Epílogo

Como dissemos no início, nosso objetivo era escrever um texto que favorecesse aos leitores uma vida de oração com qualidade e que estivesse inserido no contexto litúrgico das celebrações do Senhor. Sugerimos que, na véspera de cada solenidade ou festa, se tome o capítulo referente ao dia e se faça a meditação orante, pois acreditamos que, desse modo, as comemorações litúrgicas, relativas ao mistério de Cristo, tenham maior fecundidade espiritual. Por exemplo, na Noite de Natal, no momento da Ceia, o primeiro capítulo desse livro fosse lido e rezado antes de começar a refeição natalina.

A vida de oração é fundamental para o cristão que deseja viver em contato íntimo com seu Salvador, pois esse é o momento privilegiado de encontrá-lo. Daí ser de proveito conhecer, além dos dados bíblicos e litúrgicos que motivam determinada celebração, sua historicidade e teologia.

Podemos dizer que, na Igreja, temos duas maneiras de conformar nossas vidas ao seguimento de Jesus Cristo: o discipulado e a missão. Ser discípulo exige de nós a postura de Maria, irmã de Lázaro, quando hospedou o Filho de Deus junto com Marta.

O Evangelho nos diz que ela escolheu a melhor parte, porque ficou aos pés do Senhor, escutando-o, enquanto Marta estava agitada com os afazeres da casa, que são necessários, mas estão em segundo plano (cf. Lc 10,38-42). A Igreja interpreta a atitude das duas irmãs como a vida de oração (contemplação) e a missão. Em primeiro lugar, portanto, está o encontro com o Senhor, pois é nesse momento que nos capacitamos para ser missionários. Escutando o Mestre, assemelhemo-nos a ele e ficamos conscientes de sua vontade. Só depois dessa etapa é que podemos anunciá-lo com o nosso testemunho e com palavras que edifiquem. Passaremos a encantar aqueles que convivem conosco, pois Jesus se apossa de nós. Como nos ensina São Paulo: "Já não sou eu que vivo, mas é Cristo que vive em mim" (Gl 2,20).

O acontecimento único da cruz, como o que aconteceu ao terceiro dia, constitui o objeto do nosso testemunho. Neste momento, lembro-me de um poema do meu tio Gerardo Cosme Magalhães,[1] que evoca o testemunho do centurião romano no momento que Jesus entrega seu Espírito ao Pai: "Verdadeiramente este homem é o Filho de Deus" (Mt 27,54).

> Terminada a tarefa dos soldados,
> gota por gota o sangue de Jesus
> proclama a vitória dos irados
> em lesma escarlate aos pés da cruz.
>
> Morre Jesus, a terra inteira treme,
> estronda o vale em escuridão,
> e no tumulto do rincão que geme
> ouve-se o brado do centurião.

---

[1] *In mimeo.*

Que em sua voz altiva quer testemunhar
algo divino que se faz pairar
tão claramente que são os lábios seus.

E na palavra forte e decisiva
exclama aos céus em sua afirmativa:
"Jesus é o real Filho de Deus!".

Jesus é o "real Filho de Deus!". Este é o nosso anúncio. Aquele que reza com a voz, a mente e o coração, motivado pelo conhecimento do mistério celebrado, fica imbuído dessa verdade e a anuncia com toda coragem onde quer que esteja. Faz-se necessário, no entanto, que fiquemos purificados pela vivência dos preceitos do Senhor para podermos estar diante dele, na sua morada; como também preparar-lhe uma habitação, que é o nosso coração. O Salmo 14 ressalta essa ideia de morada do Altíssimo e as condições para lá nos encontrarmos.

Senhor, quem morará em vossa casa?
E em vosso monte santo habitará?

É aquele que caminha sem pecado
e pratica a justiça fielmente.
Que pensa a verdade no seu íntimo
e não solta em calúnias sua língua.

Que em nada prejudica o seu irmão,
nem cobre de insultos o seu vizinho.
Quem não dá valor algum ao homem ímpio,
mas honra os que respeitam o Senhor.

Não empresta seu dinheiro com usura,
nem se deixa subornar contra o inocente.
Jamais vacilará quem vive assim!

Esse ideal de vida apresentado no salmo faz que nossa fé não vacile; e esta, permanecendo inabalável, mesmo diante das vicissitudes da vida, impulsiona-nos para anunciar Jesus Cristo com todo vigor do nosso ser.

São João Paulo II nos ensina que devemos

> realizar em toda plenitude possível a missão sacerdotal, profética e real de Cristo, a qual é participada por todo o povo de Deus. "Os 'movimentos' no seio da Igreja, povo de Deus, expressam aquele múltiplo movimento que é a resposta do homem à revelação, ao Evangelho: o movimento para o mesmo Deus vivo, que tanto se aproximou do homem; o movimento para o próprio íntimo, para a própria consciência e para o próprio coração, que, no encontro com Deus, descobre a profundidade que lhe é própria; o movimento para os homens, nossos irmãos e irmãs, que Cristo coloca no caminho de nossa vida; o movimento para o mundo, que espera incessantemente em si 'a revelação dos filhos de Deus' (Rm 8,19). A dimensão substancial do movimento em cada uma das direções supramencionadas é o amor: 'o amor de Deus foi derramado em nossos corações por meio do Espírito Santo que nos foi dado' (Rm 5,5)".[2]

---

[2] Homilia na Missa do Congresso "Movimentos da Igreja", nn. 1-3, em Castel Gandolfo, no dia 27.09.1981.

Isto é o que desejamos para os que rezaram nossas meditações e orações. Que todos esses movimentos, sobretudo aquele direcionado ao próprio íntimo, consciência e coração, que é o momento do encontro com Deus na oração, mencionados pelo Santo Padre João Paulo II, possam se realizar dentro de nós, transformando-nos para o anúncio de Cristo, que é obra do Espírito Santo.

A Jesus Cristo, que é a testemunha fiel, o primogênito dentre os mortos e o príncipe dos reis da terra. Àquele que nos amou, e em seu sangue nos lavou dos nossos pecados, e nos fez reis e sacerdotes para Deus seu Pai; a ele, a glória e o poder para todo o sempre. Amém (Ap 1,5-6).

Cantaremos eternamente a bondade do Senhor, sua fidelidade de geração a geração (cf. Sl 88,2).

Rua Dona Inácia Uchoa, 62
04110-020 – São Paulo – SP (Brasil)
Tel.: (11) 2125-3500
http://www.paulinas.com.br – editora@paulinas.com.br
Telemarketing e SAC: 0800-7010081